V. 398.
E.

(il manque les planches des restes.)

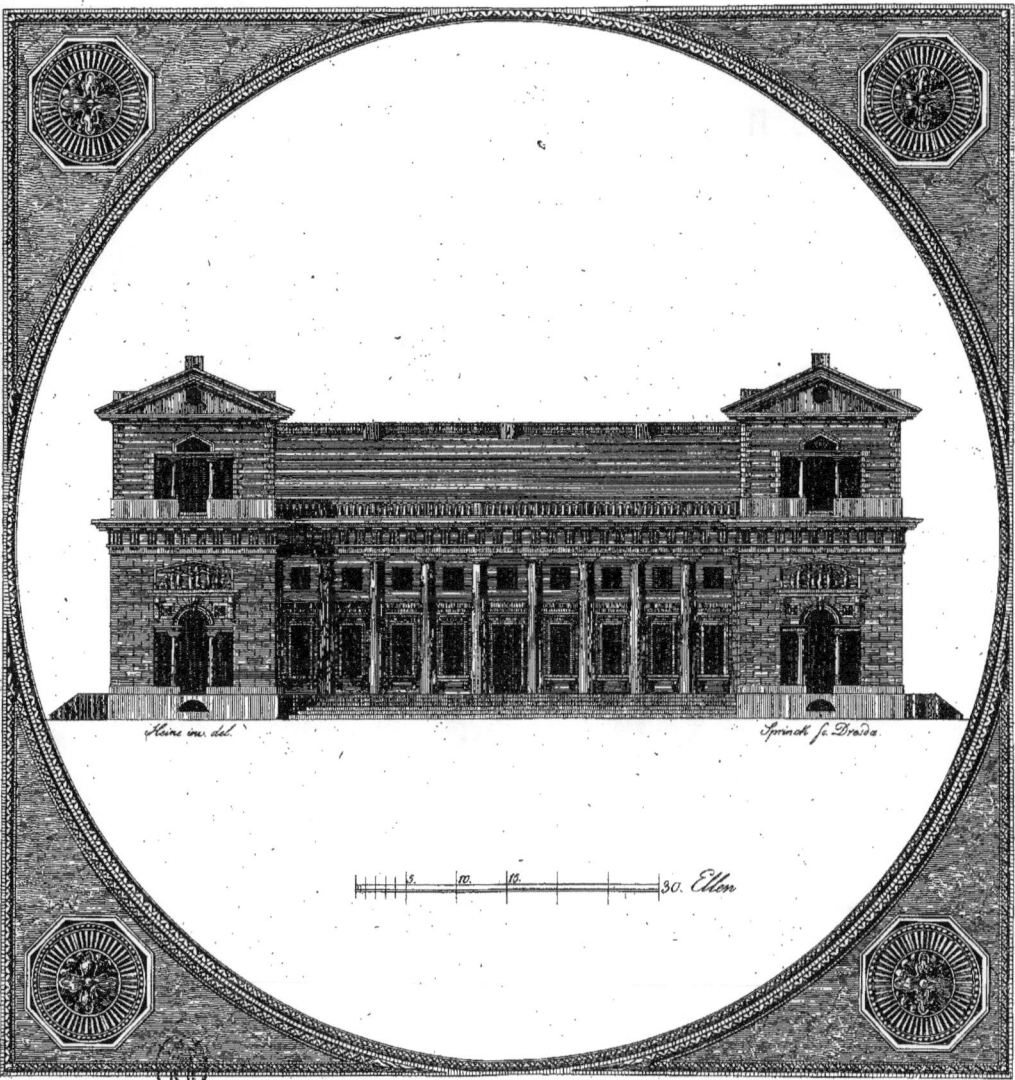

Heine inv. del.　　　　　　　　　　　　Sprinck sc. Dresda.

5.　10.　15.　　　　　30. Ellen

TRAITÉ DES BÂTIMENTS

PROPRES

À LOGER LES ANIMAUX,

QUI SONT NÉCESSAIRES

À L'ÉCONOMIE RURALE;

CONTENANT

des regles sur les proportions, les dispositions et les emplacements, qu'il convient de donner aux écuries, aux étables, aux bergeries, aux poullaillers, aux ruchers, etc.

AVEC 50 PLANCHES.

LEIPZIG

CHEZ VOSS ET COMPAGNIE.

1802.

AVANT-PROPOS.

Malgré le grand nombre d'instructions sur le genre d'architecture, qui convient aux métairies et aux maisons de campagne de ceux qui font valoir leurs biens; il semble qu'on ait eu en vue que la solidité et la commodité des bâtiments ; on n'a point cherché à leur donner des dehors agréables, et l'on a entierement négligé cette partie. Etonnés de l'exclusion, donnée aux bâtiments nécessaires à l'économie rurale, susceptibles néanmoins de certaines décorations, nous avons fait l'essai de mettre sous les yeux des amateurs, des plans et des idées pour la construction de ces bâti-ments, décrits dans le corps de cet ouvrage. N'ayant jamais perdu de vue, l'objet de réunir l'agréable à l'utile, nous avons l'espoir bien fondé, de prouver par des réalités, ce que nous avançons; nous ne pouvons en avoir de meilleure caution, que les exemples et les modeles joints au texte.

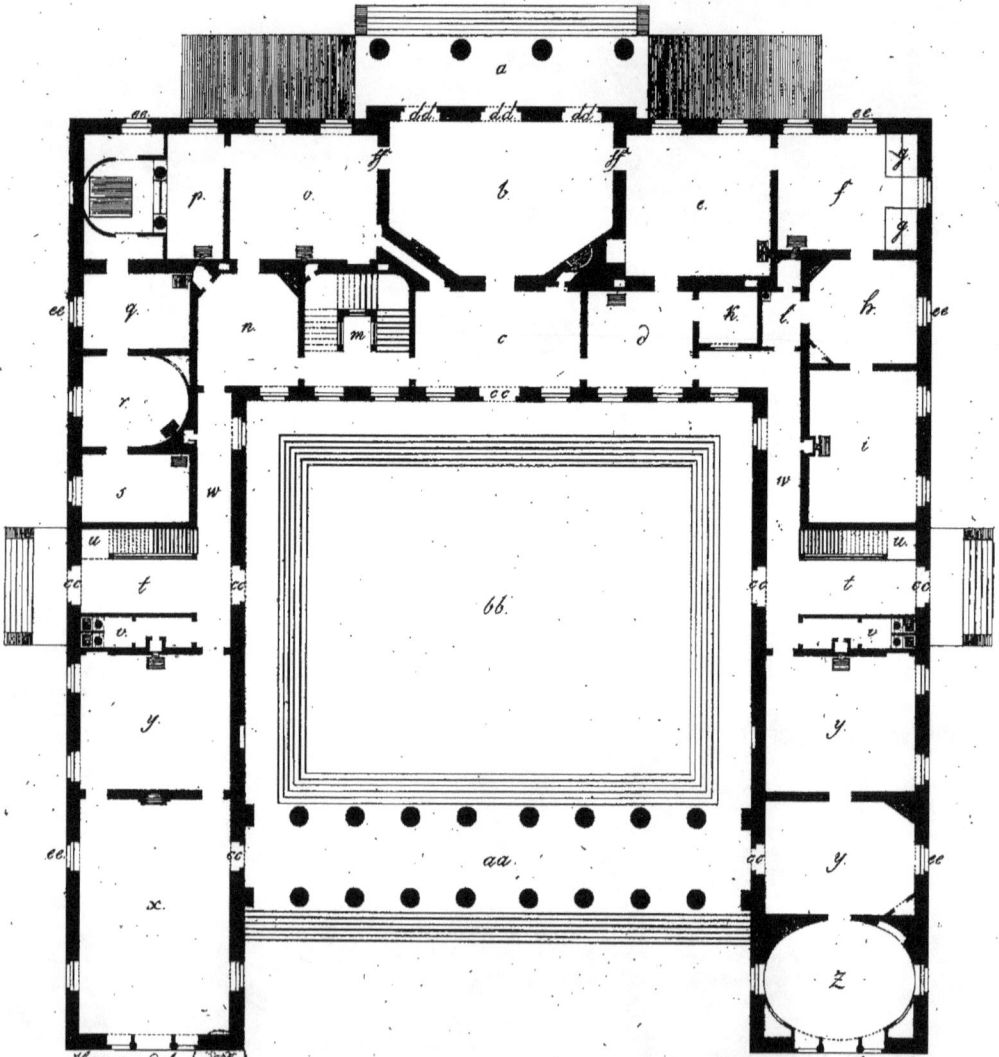

II.

aa. *dd.* *dd.* *dd.* *ee.*

a

ff. *ff.*

p. *o.* *b* *e.* *f*

g.

g.

ee. *q.* *n.* *m* *c* *d* *k.* *l.* *h.* *ee.*

r. *cc.* *i*

s. *w* *w*

u. *u.*

cc. *t.* *cc.* *cc.* *t.* *cc.*

v. *v.*

y. *bb.* *y.*

aa.

ee. *cc.* *cc.* *cc.* *y.* *ee.*

x.

z.

Heine inv. del. | 1. 5. 10. 15. 30. Dresd. Ellen. | Spinck sc.

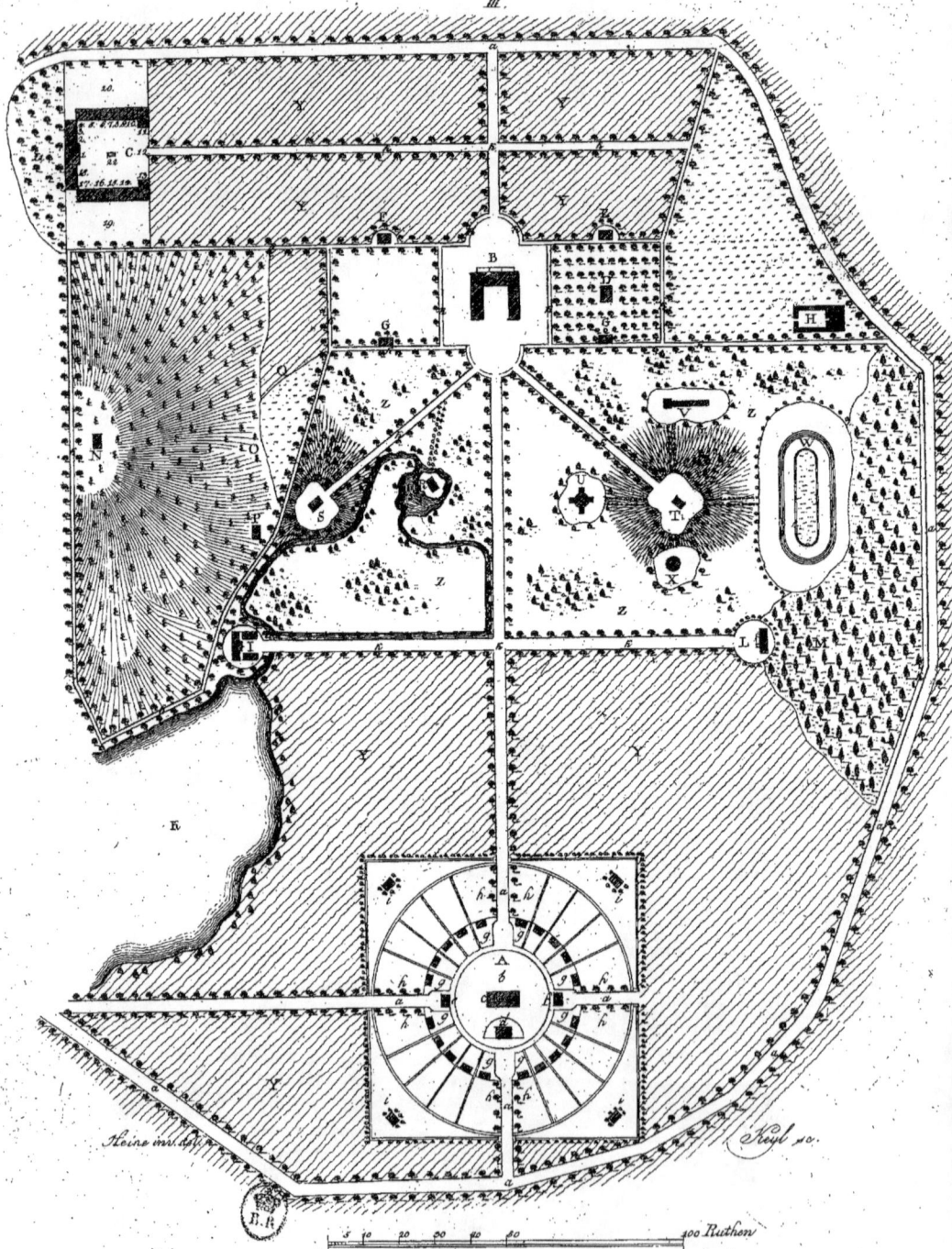

III.

10.

C.

17. 16. 15. 14.

19.

Y

Y

Y

Y

B.

G.

O.

G.

H.

Q.

N.

i

z

S.

z.

U.

W.

z

T.

V.

x.

z.

M.

J.

L.

b

b

K.

Y.

Y.

i

i

h

h

g

g

A.

b

a

a

g

g

P.

h

h

a

a

Heine inv. del.

Keyl sc.

Y.

a

a

B. P.

5 10 20 30 40 50   100 Ruthen.

V U E

D'UNE MAISON DE CAMPAGNE

AVEC

SON PLAN GÉOMÉTRAL

ET CELUI D'UNE TERRE.

2

VUE D'UNE MAISON DE CAMPAGNE

SON PLAN GÉOMÉTRAL ET CELUI D'UNE TERRE.

Ce qui frappe principalement la vue de celui qui visite une maison de campagne, c'est l'habitation du maître; comme elle se distingue des autres bâtiments par son étendue, sa grandeur, sa forme et sa destination, elle doit nécessairement attirer bien plus l'attention. Ces distinctions sont d'autant plus nécessaires que par sa destination, elle doit être le bâtiment le plus remarquable.

Quant à son emplacement, il sera toujours dans la meilleure place soit par rapport à la salubrité de l'air, soit pour la beauté de la situation, qui doit être considérée avant tout. La grandeur de cette maison doit excéder celle des autres maisons du village, car les maîtres étant accoutumés à plus de commodités que les gens du lieu, ont besoin d'un plus grand espace, et d'un plus grand nombre de chambres, ce nombre sera d'autant plus considérable que la fortune des propriétaires exige, qu'ils ayent des salons ou pieces meublées par le luxe et consacrées aux plaisirs. Une semblable maison peut, quant à sa forme, être comparée à une ville, à cela près, qu'elle doit toujours avoir un aspect agréable et gai, ce qui manque souvent à une cité. C'est un pareil aspect que l'on trouvera à la maison de campagne, représentée par la premiere figure, et à laquelle la colonnade donne peut-être un air plus magnifique et plus majestueux, qu'une semblable maison ne le comporte. Lorsqu'on se trouve dans le cas de faire une colonnade, on doit préférer l'ordre ionique au dorique, parce qu'il a quelque chose de plus agréable. La perspective de cette maison est prise du côté du village et du jardin. Le corps-de-logis est au fond; sur le devant se trouvent deux ailes, qui y sont réunies par quatre colonnes doriques, dont l'entablement couronne tout le bâtiment. Un grand et large perron entre des colonnes, occupe une partie du devant du corps-de-logis, qui a un entre-sol où doivent loger les domestiques. Au-dessus du bâtiment s'élève un attique qui ne s'aperçoit que près des ailes, attendu qu'il n'est possible de découvrir de ce côté, que le toit du corps-de-logis. Les ornements où décorations des ailes, consistent en fenêtres de Venise ainsi appelées à cause de trois grands carreaux, qui font un assez bel effet dans une maison de campagne. Chaque étage est séparé par un entablement d'ordre dorique; l'on peut, des chambres du premier étage, sortir par-dessus la colonnade. L'entre-sol présente, pour ornements, au-dessus des fenêtres, des bas-reliefs dans lesquels on pourroit dessiner des emblêmes analogues aux plaisirs de la vie champêtre et à ceux de la société; il vaudroit mieux néanmoins n'employer que des champs en forme de carrés longs, attendu que la façade d'une maison qui sert de logement, n'est point propre à des bas-reliefs.

La figure, 2, fait connoître l'intérieur de ce bâtiment, et sur-tout l'entre-sol. Pour entrer dans la maison par-devant, il faut passer sous un portique, supporté par quatre colonnes, a; l'on parvient sous ce portique, par un escalier de six marches, ou par des rampes, pratiquées sur les côtés. L'escalier est destiné aux personnes qui vont à pied, et les rampes le sont à celles qui vont en voiture, lesquelles, par le mauvais temps, trouveroient encore un abri en descendant de leur équipage. Du portique, a, on passe, par une porte vitrée dans une grande salle d'assemblée, b, qui peut servir aussi de salle à manger ordinaire; à côté de cette salle est une antichambre, qui donne sur la cour. Ces deux chambres destinées aux hommes sont à droite, mais celles pour les femmes sont à gauche. Avant d'y arriver, il faut passer par une antichambre, où doit se tenir, pendant le jour, un domestique prêt à servir les personnes qui l'occupent; vient ensuite la chambre à recevoir, e. Tout à côté est un cabinet d'étude, f, dans lequel se trouvent des bureaux et une bibliotheque, g; les pieces qui suivent sont le cabinet, h, et la bibliotheque, i, où le secrétaire peut rester pendant le jour. Entre la chambre d'entrée, l, et le cabinet, h, sont les lieux d'aisance et une garde-robe, k. L'appartement de la maîtresse de la maison, consiste en une antichambre, n, une chambre, o, dans laquelle elle peut recevoir du monde, un cabinet, g, une chambre, r, pour s'habiller, une garde-robe, s, où la femme de chambre se tient pendant le jour, et enfin une chambre à coucher, p, pour deux personnes. A côté de l'antichambre, c, est l'escalier principal, m, qui conduit à l'entre-sol. Il y a dans les deux ailes des chambres, y, pour y jouer et recevoir du monde. La lettre, z, désigne une chambre; qui sert à faire de la musique, et, x, indique une salle de danse; cette salle et l'antichambre, y, devant la piece, où les musiciens ont la facilité d'exercer leurs talents, sont réunies par la colonnade, aa. Par le moyen des corridors, w, toutes ces chambres ont des communications avec celles qui sont habitées sur le devant. La maison a encore, de chaque côté, un passage, cc, qui conduit au vestibule, t. Sous ce vestibule, entre les lieux d'aisance, w, spécialement destinés aux domestiques, et les escaliers, u, de l'entre-sol, se trouvent d'autres escaliers, qui conduisent dans des souterrains; c'est dans cet endroit que l'on a placé, la cuisine, l'office et les logements des domestiques. Les chambres et salles, dont il vient d'être question, sont enfermées par une cour, bb; pour s'y rendre il faut descendre six marches d'un grand corridor, aller par la porte, cc, et le passage de la colonnade, aa.

Occupons-nous actuellement du site de la terre ou campagne représentée par la figure, 3. Cette terre est enfermée de trois côtés par une chaussée, d'où part un chemin qui conduit au village, *a*, et le coupe en forme de croix, ce qui le divise en quatre parties. Le milieu du village est remarquable par une place, *b*, couverte de gazon, sur laquelle se trouve l'église, *c*. Non loin de là est la demeure, *d*, du curé, ainsi que l'école, où le maître a son logement. Les cours, *g*, des fermiers, forment un cercle autour de cette place, et chacun a un jardin, sur le derriere. Quatre maisons détachées, *i*, se font remarquer aux quatre coins du village; chacune de ces maisons a son jardin, qui à la vérité est pour un paysan; l'un de ces jardins peut servir à retirer les pompes à feu et tous les accessoires.

Le village est entouré de champs, *y*, au milieu desquels passe l'avenue, *k*, qui conduit au château, *B*, du village. Cette avenue se trouve sur une place dégagée, et se joint à une allée, *k*, qui va aboutir à la grande route, *a*; cette route est coupée par un chemin qui mene à droite dans des prés, et à gauche, aux bâtiments de la métairie. Ces bâtiments auxquels on parvient par l'entrée, 12, contiennent la demeure, 1, du régisseur, la brasserie, 2, le bucher, 3, le hangar, 4, l'écurie, 5, pour les chevaux de charrue, et la chambre de leurs harnois, 7; ils renferment encore l'écurie, 7, pour les chevaux de selle et de voiture, une chambre, 8, pour les harnois de ces derniers, le poulailler, 9, les étables à cochons, 10, le hangar des chariots, 11, la remise des équipages, 13, l'écurie des chevanx de maîtres, 14, une chambre des harnois, 15, les granges, 16, un hangar, 17, et l'étable à vaches, 18. Au milieu de la cour est le réservoir, 22. Tout près de ces bâtiments, se trouve d'un côté une cour, 19, où s'entassent les gerbes de blé et le foin, et de l'autre une piece de gazon, 20. Derriere la maison, est un petit jardin, 21, à l'usage du régisseur de la terre.

De chaque coté de la place où se trouve la maison du maître, il est aisé de voir le jardin fruitier d'une part et le potager de l'autre. Il a été construit au milieu du premier une serre-chaude, *d*, dont le bâtiment contient encore le logement, *e*, du jardinier. Le bâtiment, *f*, peut servir pour les vers à soie, et celui, *g*, pour les abeilles. A côté se trouve la bergerie, *h*, contiguë à une prairie, qui en est une dépendance. Tout près de l'etang ou piece d'eau, *k*, on voit les bâtiments, *i*, destinés à la volaille, et vis-à-vis de ceux-ci les chenils, *l*, des chiens de chasse, lesquels avoisinent un bois, *m*. Depuis l'étang, *k*, jusqu'aux bâtiments de la métairie, regne une éminence, plantée de vignes, et au haut de laquelle est un logement, *n*, pour le vigneron. Au pied de l'éminence ou colline on remarque des rejetons, *p*, et plus loin des champs et des prés, *q*, pour le vigneron. Le bois, la vigne, et les champs ci-dessus, entourent le jardin, *z*, du maître. Une grande partie de ce jardin est arrosée par un ruisseau, qui serpente et provient du grand étang, *k*. Ce ruisseau en forme lui-même un petit avec une île, où se trouve une maison destinée aux

3

bains. Sur une colline qui avoisine le ruisseau, est un bâtiment, *s*, représentant le temple d'Esculape. Dans une autre partie du jardin s'élève une autre colline, au haut de laquelle est un temple, *t*, consacré à Mercure. En descendant la colline, on arrive au salon de compagnie, *u*, et l'on voit, sur les trois côtés, divers jeux pour les plaisirs des étrangers ou des personnes de la maison, comme un jeu de quilles, *v*, une lice, et un jeu de bague.

INTRODUCTION.

Si, dans une métairie bien administrée, l'on ne sauroit se passer de bâtiments pour renfermer les récoltes jusqu'au moment de leur vente ou de leur emploi, l'on ne peut révoquer en doute l'absolue nécessité de ceux, qui doivent loger les animaux indispensables à l'économie rurale. Pouroit-on donner trop de soins à la construction de ces bâtiments, quand la prospérité du métayer tient à celle de ses animaux, dont le bien-être est la suite de la commodité et de la propreté des logements, qu'une sagesse éclairée leur destine. Chaque animal, comme on le sait, demande un traitement particulier et analogue à sa nature: cette raison exige donc que les logements des animaux, après avoir été mesurés à l'étendue de la métairie, soient convenables à la quantité et à la qualité de ceux pour qui ils sont destinés.

La première regle qu'il faudra observer, en élevant ces bâtiments, sera d'en régler la grandeur sur le nombre d'animaux, que la métairie poura nourrir. Croiroit-on avoir tout fait en les logeant, si la reconnoissance ne leur prépare un espace suffisant, pour y reposer leurs membres fatigués à notre service? La vivacité du cheval, qui est le plus noble des animaux, réclame pour lui une place considérable. On donnera, à cet ami de l'homme des champs, une espace de six pieds de largeur, et de dix à douze pieds de longueur, en y comprenant la mangeoire qui aura 18 pouces de saillie. Si le cheval est petit, la largeur de cet espace poura être réduite à trois pieds et demi. Le lent et paisible boeuf n'aura besoin, comme la génisse, que d'un emplacement de 9 pieds de longueur sur 9 pieds 9 pouces de largeur. Comme on est dans l'habitude de donner une place de huit pieds carrés à l'animal, que sa toison rend un des plus précieux à l'homme, on poura en accorder jusqu'à 9 à la brebis, et 10 au bélier, ainsi qu'à la brebis qui a un agneau. Six pieds carrés suffiront au porc; les oies, les canards et les dindons sont grandement logés, quand chacun d'eux peut avoir une place de deux pieds et demi carrés, et un pied ou un pied et un quart carré est suffisant pour la poule. Veut-on un colombier assez vaste pour contenir 30 paires de pigeons? Il ne faut que faire élever sur le sol un pilier de 8 pieds de hauteur, par-dessus lequel il sera construit un exagone de 4 pieds de diametre sur 3 d'élévation. D'après l'aperçu des mesures ci-dessus, quiconque sait le nombre d'animaux, dont il a besoin dans sa métairie, n'aura qu'à le multiplier par l'espace que doit occuper chaque animal, pour connoître le produit des pieds carrés, qu'il faudra donner à tout le logement.

L'intelligence, dans ces sortes de choses, consiste à n'être jamais au delà ni en deçà des bornes qu'indiquent les résultats de l'expérience. Des logements qui n'auroient point la capacité, qui convient aux animaux, enfin les proportions que nous avons citées, leur nuiroient bien plus, qu'ils ne leur seroient utiles. L'emplacement de ces bâtiments ne demande pas moins d'attention que les proportions, qu'il convient de leur donner. Nous ferons part de nos observations sur cet objet, quand il sera question de la maniere de choisir les emplacements. En attendant jetons un coup d'oeil, en passant, sur la méthode des Romains dans leurs maisons de campagne. Si nous ne pouvons suivre les principes de ce peuple guerrier, qui trouvoit des jouissances au sein de la nature et des occupations champêtres, c'est que les bâtiments de nos métairies enferment, pour l'ordinaire, une cour, tandis que chez les Romains, ils étoient souvent isolés, ou peu r'approchés les uns des autres.

Rien n'égale la sagesse des Romains dans le choix des situations. Leurs écuries, étables, et bergeries étoient placées de maniere, qu'elles ne fussent exposées ni à chaleur ni au froid. Ils avoient grande attention que le sol occupé par les animaux, fût aussi sec qu'il étoit possible, et ils le disposoient de sorte que l'humidité ni l'eau ne pussent y s'éjourner, ce qui auroit nui aux bâtiments autant qu'aux animaux. Vitruve nous apprend qu'on les plaçoit à l'est, avec l'attention de construire les étables à vaches à côté ou vis-à-vis de la cuisine, dont on éloignoit l'écurie, dans la crainte de rendre les chevaux ombrageux. Columelle veut qu'on ait des bâtiments doubles pour les bêtes de trait, et de plus un pour l'hiver et un autre pour l'été. D'après lui, les autres animaux, nécessaires à l'économie rurale ne doivent avoir de logements couverts qu'en hiver, et point en été; il prétend qu'une simple clôture leur suffit même, dans les places découvertes, où on leur fait passer cette saison. Palladius veut au contraire, que les écuries et étables à vaches soient exposées au midi. Selon cet auteur, elles doivent avoir des fenêtres percées au nord; il ajoute qu'on les laissera ouvertes pendant l'été, pour se procurer de la fraicheur, et qu'on les fermera l'hiver, pour empêcher le froid d'entrer. Il prétend encore qu'il faut donner à chaque cheval ou bête à corne, une place de 10 pieds de largeur sur 15 de longueur, afin que ces animaux puissent se coucher commodément, et que celui qui en prend soin, ait la facilité de tourner autour de lui, et de le couvrir de ses harnois. Les bergers, les vachers, etc. doivent occuper des logements adjacents à ceux des animaux qui leur sont confiés, afin d'en être toujours à portée.

Le poulailler sera exposé au sud-est, et près de la cuisine, afin que la fumée, qu'on croit fort saine pour la volaille, puisse y pénétrer. Lorsqu'on n'est point maître de placer un poulailler, de cette maniere, il faut le diviser en trois parties; on pratique une cheminée dans celle du milieu afin de communiquer de la fumée aux deux autres. Les colombiers doivent être placés sur des bâtiments élevés, des tours, ou bien ils pourront occuper le faîte des maisons; mais dans toutes ces places, ils doivent être exposés au midi. On aura toutefois attention de lisser intérieurement et extérieurement lès murs du colombier, afin que les chats, ou autres animaux dangereux, n'ayent point la possibilité de s'y introduire en grimpant à ces murs.

ÉCURIE.

A

É C U R I E.

La premiere chose qu'on doit observer, pour avoir une bonne écurie, c'est de la placer dans un endroit sec, dont les alentours n'exhalent aucune vapeur, qui puisse nuire aux chevaux. Il s'ensuit donc la nécessité de la construire sur un sol élevé, dont la pente insensible donne une issue naturelle à l'humidité, qui pourroit y séjourner.

Pour avoir une écurie de ce genre, qui ne soit ni trop chaude en été, ni trop froide en hiver, il faut ne la faire construire ni trop haute, ni trop basse. Trop élevée, elle seroit trop froide en hiver, et nuiroit infiniment aux chevaux, lorsqu'échauffés sur-tout par le travail, on les mettroit dans une semblable écurie sans une couverture sur les reins. Si une écurie étoit trop basse, il en résulteroit un autre inconvénient; la masse des exhalaisons que respireroient ces animaux, leur occasionneroit des maladies. En outre il est indispensable, qu'une écurie soit spacieuse, et que les chevaux ne s'y trouvent point trop serrés les uns contre les autres, pour que leur santé n'en souffre point.

La prudence qui indique les mesures, dont nous venons de parler, exige avec non moins de raison, que les écuries soient suffisamment éclairées. Cette précaution devient non-seulement nécessaire, pour que les chevaux, en sortant d'une écurie sombre, ne s'effarouchent point en voyant la lumiere, mais encore pour que ceux qui les soignent, puissent les panser commodément et nettoyer avec facilité, tout ce qui leur est relatif. Les écuries sombres font un tort infini aux yeux des chevaux, et on doit pour cela même avoir l'attention de faire faire des fenêtres, dont la hauteur soit fixée de maniere, que la lumiere du jour et le soleil ne frappent point directement la vue de ces animaux, qui auroient à souffrir sans cette précaution. On aura soin de les fermer legérement avec des volets en hiver, pour maintenir dans les écuries le dégré de chaleur suffisant, et on leur adaptera en été des rideaux de toile grise, qui empêcheront les rayons du soleil de pénétrer dans les écuries, y entretiendront la fraicheur, et en défendront l'entrée aux mouches, autant qu'il sera possible.

On seroit bien dans l'erreur, si on croyoit les fenêtres suffissantes, pour procurer un air salubre dans les écuries, et en faire sortir les exhalaisons nuisibles aux animaux qui y sont logés, puisque celles-ci sont toujours à une élévation plus considérable que les fenêtres, et s'élèvent même jusqu'au plancher au-dessus des écuries. Il sera donc nécessaire, pour leur procurer une issue, de pratiquer des soupiraux, en se conformant pour le nombre à la grandeur de l'écurie. Ces soupiraux qui pourront être en bois, seront faits avec de fortes planches, dont chacune aura au moins la largeur d'un pied, et l'on aura soin de faire enduire de poix, leurs coins, bien joints ensemble pour que les exhalaisons qui auront trouvé un passage, ne puissent rentrer dans l'écurie, par quelque ouverture. Ces soupiraux, destinés à purifier l'air, seront ensuite conduits comme une petite cheminée, jusqu'au faîte du bâtiment, et prendront naissance du plancher supérieur de l'écurie. On aura ensuite la précaution de faire faire des abatants aux points, où se terminent ces soupiraux dans l'écurie, pour avoir la facilité de les ouvrir pendant quelques heures en hiver, afin de donner une issue aux exhalaisons; en refermant ces abatants, on empêchera que l'écurie ne se refroidisse. Comme de semblables précautions entraînent toute fois quelques dépenses, on pourra remplacer ces soupiraux en faisant percer, dans les murailles, mais immédiatement au-dessous du plancher supérieur de l'écurie, des trous vis-à-vis les uns des autres, pour établir un courant d'air. Ces trous ou conduits d'air auront 4 pouces d'ouverture sur neuf de largeur, dans un éloignement de 3 à 4 pieds les uns des autres; on observera de les boucher intérieurement en hiver, pour soustraire les animaux à la rigueur de la saison.

Les écuries doivent être disposées de manière, que les chevaux soient placés, à la suite les uns des autres, et la tête tournée vers la muraille, ou qu'on ait de la place pour un second rang, vis-à-vis les uns des autres, de façon, que les têtes se trouvent au milieu de l'écurie, en observant toute fois, de laisser un passage de 5 jusque à 8 pieds de largeur, pour leur donner la nourriture. On met la premiere méthode en usage, avec les chevaux de selle et de carosse, et généralement avec un petit nombre, tandis qu'on emploie la seconde pour une écurie bien plus considérable. Dans le premier cas, on attache, d'une maniere solide, à la muraille, les mangeoires et les rateliers, et dans le second au contraire, on les place sur le devant et le long du passage pratiqué, pour donner le fourage. Cette maniere offre l'avantage, de n'en point perdre tant, parceque celui qui tombe dans le passage, étant proprement ramassé, et peu ou point foulé, il en résulte, que, quand même on ne le donneroit point aux chevaux, on pourroit l'employer encore utilement dans l'économie. Ce genre d'écurie exige un local plus vaste et beaucoup plus profond, nonseulement relativement au double rang de chevaux, mais encore à cause du passage, dont on a besoin pour conduire les chevaux à leur place, et passer derriere ceux qui sont déjà à la leur. Les paysans ne sont point communément dans l'usage d'établir des séparations entre leurs chevaux, et il en est de même aussi pour ceux, qui, fatigués du travail de leur journée et restant paisibles, peuvent dispenser le maître d'un tel soin; mais il en est tout autrement des chevaux vifs et turbulents, qui peuvent en se battant, se faire beaucoup de mal, et il est nécessaire par conséquent d'assigner à chacun sa place séparée. Cela s'opere par des cloisons faites entierement de planches ou par des barres suspendues à des cordes. L'on assujettit fortement l'une et l'autre de ces séparations à des colonnes ou piliers, éloignés de dix à douze pouces de la mangeoire.

Pour former une de ces cloisons, on aura soin de placer une piece de bois, qui partira d'un point de la mangeoire, et ira aboutir au pilier opposé; l'espace laissé entre elle et la terre, sera rempli avec des planches, qui seront retenues par la dite piece de bois, et fixées par une traverse. Jusqu'à présent, au lieu de faire usage de cloisons, l'on s'est contenté de traverses, attachées à la mangeoire par une extrêmité, et aux piliers par l'autre. Les cloisons et les traverses sont sujettes à plusieurs inconvéniens. Lorsqu'un cheval, accoutumé à se tourner souvent, se trouve entre deux cloisons, le frottement fréquent qui en resulte, dégrade peu à peu sa queue ou son poil de derriere. Les barres ainsi que les traverses ne sont pas non plus exemptes d'inconvéniens; il arrive souvent que le cheval se vautre, et se place sous ces pieces de bois, qui ne laissent pas que de le blesser grievement, lorsqu'en se relevant, il vient à heurter contre.

Malgré ce désagrément, les barres doivent être préférées aux cloisons. Elles auront trois pouces d'épaisseur, et seront d'un bois très-lisse; il faut avoir attention de les rendre mobiles, pour qu'elles puissent céder au moindre mouvement. Au moyen de petites chaînes, elles seront suspendues, par un bout à un anneau fixé dans la mangeoire, et par l'autre à une bande de fer pendante au poteau ou pilier. Quelque chose qui puisse arriver dans cette disposition, la mobilité des barres empêchera l'animal de se faire aucun mal.

Il y a encore une autre espece de barres, faites d'un bois aussi lisse, et aux quelles on donne à peu près quatre pouces d'épaisseur; celles-ci sont un peu plus minces à l'une de leurs extrêmités, que l'on dispose de la maniere suivante. Ces barres, faciles à mouvoir, ont la partie antérieure dans une colonne, qui ne s'éleve que jusqu'à la moitié de la mangeoire, et à laquelle on a fait une échancrure, proportionnée à l'epaisseur de la barre. Au-dessus de cette échancrure, se trouve un crochet de fer de la largeur de deux doigts, de maniere que la barre peut être tirée, mais non pas enlevée. La partie amincie de cette barre se place de même, dans une autre échancrure profonde de deux pieds et d'un diametre proportionné à son épaisseur. Celle-ci, pratiquée dans un pilier, se trouve prolongée par deux lunettes en bois, qui étroites à leur origine, s'elargissent à mesure qu'elles s'en éloignent. Comme elle ont trois pieds de longueur, leur partie supérieure dépasse la hauteur du cheval, de maniere qu'il n'en coute que la peine la plus legere, pour élever au-dessus de l'animal, la partie de la barre, qui se trouve dans l'échancrure du pilier. Pour empêcher la barre de tomber et de blesser le cheval, on y met un anneau de fer, ainsi qu'au pilier; on passe ensuite, dans chaque anneau, une corde qui doit prévenir les chutes. Cette espece de barres a cet avantage, que si un cheval, en se couchant, passe dessous, il la souleve en se relevant sans se faire le moindre mal. Ne pouvant être agitée comme les autres, puisqu'elle est fixée, cette barre ne sauroit inquiéter les

B

chevaux par un mouvement, qui ne peut que leur être très-désagréable. On ajoutera à cette précaution, celle de faire garnir en fer blanc, le devant de ces barres ainsi que les mangeoires.

La propreté étant un des points, qui contribuent le plus à la santé, on observera de donner aux places des chevaux, à commencer de la mangeoire, une inclinaison laquelle se prolongera jusqu'au passage qui se trouve derriere ces animaux. Par cette disposition on procurera un écoulement aux eaux, et l'on fera disparoître l'humidité, contre laquelle on ne sauroit trop se mettre en garde. L'élévation qui se trouve vers la mangeoire ne doit pas avoir plus de quatre pouces pour une place de huit à neuf pieds de long. Afin d'entretenir une propreté continuelle dans l'écurie, on pratiquera, derriere la barre, une rigole ou canal couvert, destiné à recevoir toutes les eaux, qui découleront de la place du cheval. Ce canal doit avoir lui-même, une pente, pour donner un écoulement plus sûr aux urines, qui doivent s'y rendre. Il est assez d'usage de paver les écuries, ou de les planchéier. La premiere méthode ne peut être que désapprouvée, parce que les pierres se brisent trop aisément sous les pieds des chevaux, et qu'elles ruinent la corne de l'animal, en usant trop promptement ses fers. On peut toutefois faire paver la place, que doivent occuper les pieds de derriere, et planchéier seulement, celle qui sera occupée par les pieds de devant, et qui peut être de deux pieds de largeur. Au défaut de bonnes pierres, on se servira de briques bien cuites.

Le plancher d'une écurie se fait avec des planches de chêne, de sapins etc. de trois pouces d'épaisseur; mais comme ces planches s'enfoncent facilement sous les pas de ceux qui marchent dessus, on poura leur substituer de fortes pieces de bois, ferrées, épaisses de 6 à 8 pouces, et placées les unes à coté des autres. Quelquefois on fait ce plancher de blocs, ou de fort morceaux de bois rond, longs de 12 à 15 pouces, et larges de 10 à 12; on les range les uns à côtés des autres, de maniere que la tête du bois soit toujours du côté élevé de l'écurie. Lorsqu'on mettra ces blocs dans l'argile ou le gros sable, il faudra bien avoir attention, de ne laisser entre eux aucun interstice assez considérable pour retenir le pied d'un cheval. Pour prévenir un pareil accident, le moyen le plus sûr est d'équarrir ces blocs ou morceau de bois.

On ne s'auroit désapprouver la méthode de paver ou de planchéier une écurie, qu'autant que la place, occupée par les chevaux devroit être au-dessus d'une bonne terre d'un pied ou deux de profondeur, car alors on pourroit au bout de quelque temps, enlever ce terrain comme celui des bergeries et le faire servir d'engrais aux terres. Loin d'avoir besoin de pente, un pareil sol doit avoir toutes les parties de niveau.

Quant aux auges ou mangeoires, on les placera sur des blocs, murés par le bas, et au moyen de crochets, on les assujettira par le haut, au mur de l'écurie. On en fixera la hauteur d'après celle des chevaux de 3 pieds et demi, jusqu'à 4 pieds et demi. Les râteliers, placés au-dessus des mangeoires, seront retenus par des crochets, fixés ou au pilier, ou à la traverse, ou à la muraille; ils le seront au pilier ou à la traverse, quand il n'y aura point de panneau de bois, et à la muraille, avec des chevilles, lorsqu'il sera possible d'y en faire entrer. Il y a des circonstances, où l'on est quelquefois obligé d'élever ou d'abaisser les mangeoires ainsi que les râteliers; cela dépend de la nature de la litiere. A cause de la rareté du bois, il est aussi difficile que coûteux de faire creuser des troncs d'arbres, pour les convertir en auges; afin d'éviter cette dépense, on se servira de planches. Celles du fond de la mangeoire, seront plus épaisses que celles de côté, attendu qu'elles doivent être convexes en dedans de l'auge, pour y former une espece de canal, propre à recevoir l'eau qu'il est essentiel de ne point laisser couler dans les jointures de côté. Beaucoup de chevaux ayant l'habitude de ronger, il faudra garantir les auges de leurs dents en les garnissant de fer-blanc. Il seroit bien possible d'en faire de pierres, mais on ne sauroit en conseiller l'usage, que dans les endroits à proximité des carrieres, attendu la cherté dont elle seroit partout ailleurs. Dans les écuries, où il se trouvera des séparations entre les chevaux, il ne sera pas inutile d'en faire aussi dans les mangeoires, afin qu'aucun d'eux ne puisse priver son voisin de la nourriture qui lui appartient.

Il faut que le passage, pratiqué derriere les chevaux, ait au moins 6 à 7 pieds de largeur, pour que ces animaux puissent être facilement conduits à leurs places. Rien n'empêche qu'il ne soit pavé.

A la ville, ainsi que dans les maisons, où se trouvent des bâtiments adjacents, il est de toute nécessité, que les écuries soient voûtées. A la campagne, où l'on est dans l'usage de ne faire le plancher supérieur des écuries qu'en bois, il est nécessaire de bien empêcher le froid et l'humidité d'y pénétrer, car le fourrage que l'on conserve au-dessus pouroit être altéré, ou même entierement gâté par une de ces causes. Les meilleurs de ces planchers supérieurs sont ceux, qui ont de l'argile entre leurs solives, et qui se trouvent garnis en dessous, de planches bien jointes ensemble.

La porte d'une écurie doit être large, et avoir même deux battants, s'il est possible, afin qu'un cheval puisse entrer et sortir commodément tout harnaché. Le palefrenier ne doit laisser qu'un battant ouvert pour son usage; mais aussi cette ouverture est de la plus grande utilité, même en hiver par le plus grand froid. Il est nécessaire de donner au moins, quatre pieds de largeur à une porte d'écurie, et cinq à celle qui aura deux battants. On mettra dans le passage, ou dans une place vide aussi convenable, le coffre qui contient l'avoine, etc. Sans doute, il seroit plus commode d'avoir, auprès de l'écurie, une chambre qui serviroit de dépôt provivisoire pour les besoins. Quand la hauteur de l'écurie est assez considérable, il faut placer au-dessus, un lit pour un valet; si, au contraire, l'écurie se trouve basse, il est de toute nécessité de faire, à côté, une chambre pour les palefreniers, sans quoi on est obligé de leur assigner à chacun, dans le passage, une place où ils puissent ranger leurs lits.

L'ordre exige qu'on suspende aux piliers de l'écurie, les harnois dont on aura besoin pour l'usage journalier des chevaux; pour faire les crochets qui doivent recevoir ces harnois, on choisira des morceaux de bois tors, propres à cet usage. Les autres harnois seront déposés dans une chambre voisine, où il ne doit faire ni trop chaud, ni trop sec, attendu que ces deux inconvenients nuisent considérablement au cuir, et le mettent hors d'état de servir.

EXPLICATION DES PLANCHES. *)

PLANCHE I.

Une grande métairie demande une place analogue pour les chevaux, et d'après cela même des écuries assez spacieuses, pour que ces animaux puissent y être commodément. La figure, *A*, représente la façade d'une écurie, destinée à loger quarante chevaux; et la figure, *B*, en offre le plan.

De la porte, *a*, figure, *B*, on arrive au passage principal, *b*, de l'écurie. L'on voit en, *c*, les places qu'occupent les chevaux. Ces animaux se trouvent rangés sur deux lignes, la tête tournée vers la muraille, à laquelle sont attachées les mangeoires. Derriere la place des chevaux sont les rigoles, *e*, qui doivent servir à l'écoulement des immondices; elles se joignent à un canal, *f*, au milieu de l'écurie, et se rendent ensemble dans une fosse à fumier Comme il est important d'avoir toujours, à portée de l'écurie, l'eau nécessaire pour abreuver les chevaux, on a pratiqué un réservoir, *g*; au moyen d'une pompe, l'on y fait passer de l'eau d'un puits, *h*, creusé derriere le bâtiment. De chaque côté du reservoir est un coffre, *i*, contenant l'avoine dont on a besoin pour l'usage journalier des chevaux; chaque fois que ces coffres sont vides, on peut les remplir, à l'aide de tuyaux qui descendent du grenier. Il y a des coffres semblables à chaque extrêmité de l'écurie.

D'un côté de l'écurie est le hangar, *k*, auquel on arrive par l'entrée, *x*, et de l'autre côté se trouve le logement, *l*, du régisseur, ou de celui qui a l'inspection sur les chevaux; on parvient à ce logement par la porte, *m*, qui conduit aussi au passage, *n*; on peut se rendre promptement de ce logement à l'écurie, par le même passage, *n*. Tout près d'un des côtés de ce dernier se trouve l'appartement, *o*, la chambre à coucher, *p*, et la cuisine, *q*, où il est possible de faire chauffer de l'eau en tout temps. De celle-ci, il est facile de se rendre, au bas de l'escalier, *r*. Non loin de là, on aperçoit, les fosses d'aisance dans un coin, *t*. Vis-à-vis le logement du régisseur sont deux places, dont l'une, *u*, doit servir d'écurie pour les poulains, et l'autre, *v*, de chambre pour les harnois. Il y a une communication entre la rigole, *t*, de la petite écurie des poulains et celles de la grande.

PLANCHE II.

La figure, *C*, offre le profil de l'écurie, vue du côté où se trouve le logement du régisseur, et la figure, *D*, présente la vue du hangar. L'ouverture du toit, qui est au-dessus de la porte, sert à hisser le fourrage; elle peut se fermer avec des fenêtres ou des volets.

La figure, *D*, présente la perspective du bâtiment, vu par derriere, avec le puits ou la fontaine; à cela près, elle est tout à fait semblable à celle de la façade, figure *A*.

Le profil, *F*, fait voir quelques places de chevaux avec leurs mangeoires ou leurs râteliers, ainsi que le canal d'écoulement, qui, après avoir traversé toute l'écurie, va se rendre dans la cour. On peut remarquer encore dans ce profil, les tuyaux d'exhalaisons qui servent à purifier l'air de l'é-

---

*) Les planches de cet ouvrage ayant été gravées en Saxe, l'échelle de chacune se trouve divisée en aunes. Le lecteur est prévenu que l'aune de ce pays n'équivaut pas tout-à-fait à la moitié de celle de France ou à vingt-deux pouces.

curie, et dont l'extrêmité supérieure se trouve plus haute que le toit. Pour rendre ceci plus clair, l'on a représenté, sur deux petits desseins, le plan, *a*, et le profil, *b*, de ces petits tuyaux. Dans leur intérieur est une rigole, *e*; elle empêche non-seulement l'eau de pénétrer dans l'écurie, mais elle la porte encore dans de petits conduits, qui vout aboutir à la gouttiere, ainsi qu'il est facile de le voir par le profil, *D*. Il est bon d'avoir la facilité de fermer ces conduits, qui traversent le toit, afin de pouvoir les nettoyer pendant l'hiver, et les préserver de la gelée.

Planches III. IV. V.

L'on voit sur ces planches le dessein d'une grande écurie, qui doit contenir seize chevaux de selle et quatorze de carosse, ainsi que la place nécessaire pour loger séparément six chevaux malades. L'on remarquera figure, *A*, planche III, que ce bâtiment enferme une cour de trois côtés, et qu'il est ornée d'une colonnade couverte, qui regne tout autour de la cour; simple sur les côtés, cette colonnade se trouve double devant la façade, et réunit pour ainsi dire les deux ailes du bâtiment.

La principale porte d'entrée, *a*, conduit au milieu de l'écurie des chevaux de selle; l'on y voit de chaque côté huit places. Sur la gauche se trouve une écurie de quatorze places pour des chevaux de carosse, sur la droite en est une autre de six places pour des chevaux malades. Dans ces écuries, il ne peut y avoir qu'un seul rang de chevaux. Derriere leurs places se trouvent les rigoles, *d*, pour les urines et le passage *c*. L'on peut voir en, *h*, la fosse à fumier destinée à recevoir les urines et les immondices. Les mangeoires, *e*, au lieu d'être d'une seule piece de bois comme les auges ordinaires, sont des especes de vaisseaux de bois ou d'argile, qui reposent sur des carcasses de fer; il est facile de les enlever pour les nettoyer. Ça et là sont des réservoirs, dont l'eau fraiche se renouvelle continuellement, par le moyen des conduits, pratiqués dans le voisinage pour cet effet. Les lettres, *g*, présentent les coffres, qui contiennent l'avoine, etc, auprès d'eux sont des tuyaux de bois, qui servent à descendre du greuier, l'avoine et les autres grains qui doivent être déposés dans les coffres ci-dessus. Deux fontaines, *i*, qui se trouvent dans la cour, fournissent l'eau nécessaire, aux réservoirs. L'écurie des chevaux de selle est contiguë, d'un côté, à la chambre des harnois, *k*, et de l'autre à l'escalier, *l*, par lequel on monte au grenier. Les chevcux de carosse ont auprès de leur écurie, la chambre, *m*, qui contient les harnois, propres à leur usage. Auprès des chevaux malades est une chambre, *n*, dans laquelle la prudence oblige d'avoir tous les médicaments et instruments, nécessaires à la conservation d'animaux aussi précieux pour l'homme.

A l'extrémité de chaque aile de ce grand bâtiment est un logement. Celui de la droite, près des chevaux malades est pour l'écuyer et celui de la gauche, près des chevaux de carosse est pour le cocher. Dans la maison de l'écuyer, il y a quatre chambres, *q*, autour du vestibule, *r*. La cuisine, *p*, qui se trouve dans le voisinage, doit être non-seulement à l'usage de l'écuyer, mais encore à celui des chevaux malades; il s'y trouve des fourneaux pour préparer les médicaments nécessaires, et faire chauffer de l'eau. Par l'escalier, *o*, l'on monte au grenier au-dessus des écuries, ainsi qu'à l'entre-sol, pratiqué au-dessus du logement de l'écuyer.

Le logement du cocher consiste dans les pieces suivantes; près de la porte, *t*, se trouve un appartement ordinaire, *n*, une chambre à coucher, *o*, la cuisine, *y*, et l'escalier, *x*, qui conduit aux chambres à feu et sans feu des palefreniers, logés au-dessus du cocher. La remise, z, est attenante à ce logement. La colonnade couverte qui forme l'enceinte de la cour, offre la facilité de monter et de promener les chevaux. Le toit de cette colonnade sert de galerie, et peut conduire par quatre côtés dans les écuries.

La figure, A, planche IV représente la façade de ce bâtiment, les deux logements pour l'écuyer et le cocher ainsi que la colonnade. Celle-ci d'ordre dorique, a une corniche qui fait le tour du bâtiment entier, et lui sert d'entablement principal. Le petit bâtiment dans la cour, n'est autre chose que la fosse à fumier, qu'on a voulu dérober à la vue, en la renfermant entre des murs. Au toit des deux ailes est une fenêtre à demi-circulaire, qui doit servir à monter les grains aux greniers.

La figure, B, présente la perspective de l'écurie ci-dessus, vue par derriere. Ce côté est de la plus grand simplicité, à l'entablement près, qui en fait tout l'ornement; au milieu est une porte par laquelle on entre dans l'écurie des chevaux de selle.

La figure, A, planche V, offre le profil de ce bâtiment et sa profondeur, le cours des rigoles, de l'écurie des chevaux de selle, la colonnade couverte, l'aplatissement et enfin le logement du cocher vu de côté.

La lettre, B, de la même planche, représente la petite maison qui cache la fosse à fumier. La figure, C, montre une des fontaines de la cour, la figure, D, un pilier de l'écurie, dessinée en grand pour plus de précision, et, E, est une mangeoire semblable à un moufle, laquelle peut être enlevée et remise.

PLANCHE VI.

Un grand bâtiment pour les écuries d'une terre considérable demanderoit un autre plan que celui de cette planche. Mais l'homme, qui ne possede qu'un petit bien, fait pour son écurie des dispositions analogues: Comme il ne doit employer qu'un petit nombre de chevaux, il peut se dispenser d'avoir un bâtiment particulier pour son écurie, et il la réunira au corps de logis qu'il habite.

La figure, A, est le plan de tout le bâtiment. La lettre, e, montre l'écurie, où il se trouve six places, f, pour les chevaux. Dans les cas où toutes ces places ne sauroient être remplies par des chevaux, on pourroit les faire occuper par des boeufs. A côté de cette écurie en est une autre, g, qui sera, selon le besoin, ou pour les chevaux malades, ou pour les poulains. Les places forment deux rangs, entre lesquels se trouvent les rigoles et le passage, e.

Il suffit de suivre tout droit le vestibule, b, pour aller à l'écurie, tandis qu'il faut tourner à droite pour se rendre au logement du paysan. La premiere piece qu'on y trouve est la cuisine, h; de celle-ci, on passe dans la chambre sans feu, i, à côté de laquelle est la chambre à coucher, k. Près du vestibule est le réservoir, c, et l'escalier, d, qui conduit au grenier. Devant le bâtiment, l'on remarque un hangar couvert, a, où le paysan peut déposer les instrumens, et objets nécessaires à l'économie rurale. L'ouverture, i, faite au grenier sert à y monter le fourrage et à l'en descendre.

Ce bâtiment peut être de pierres, ou de charpente garnie de briques, etc.

Par la figure, B, on peut voir combien la façade de ce bâtiment se présente avantageusement. La figure, C, offre la vue d'un de ses côtés, et, D, le profil de la profondeur.

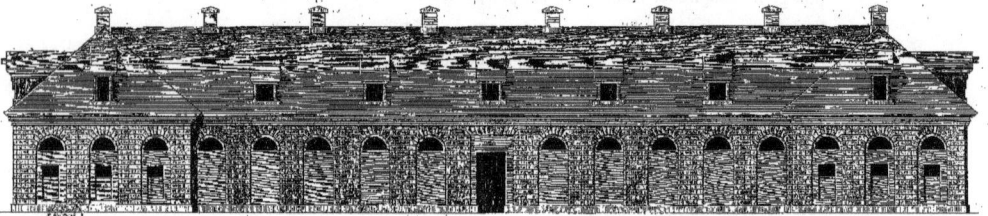

A

5 10 20 30 40 50 6a Dresd. Ell.

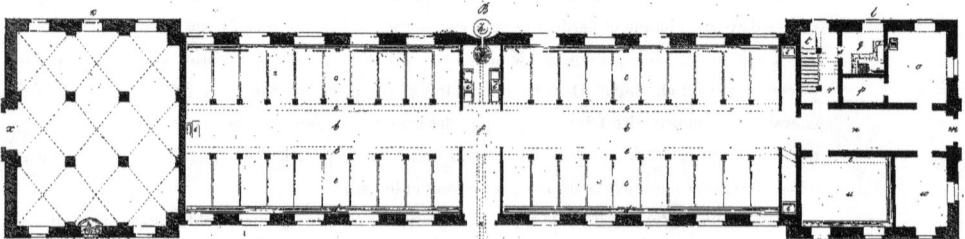

B

Tab. 4.

Tab. 2.

D.

C.

F.

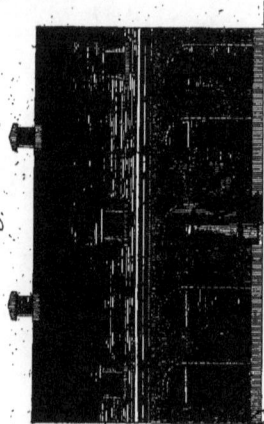

Heine del.

Frisch sculp.

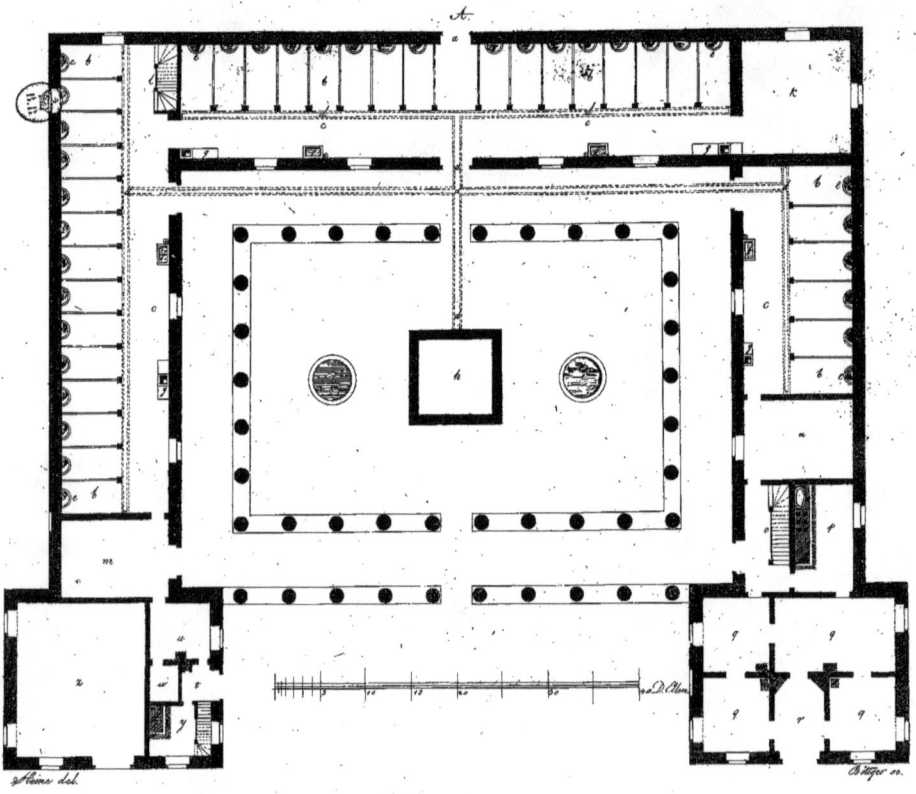

Tab. 3.

A.

B.

Böttger Dresd. sculp. Lipsia.

Tab. 4.

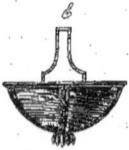

A.

E

C

B

D

5   10   15   20   30   40 Dresd. Ellen.

1   5   10 Ell.   1   2 Ell.

Sloino del.   Frosch sculps.

Tab. 5.

Tab. 6.

C.

D.

B.

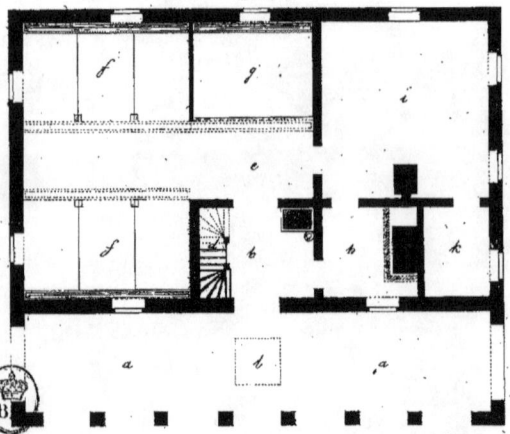

A.

Heine del.

Hüllmann sc.

ÉTABLE À VACHES.

ÉTABLE À VACHES.

Tout dépend, pour avoir une bonne étable à vaches, de l'emplacement sur lequel on la construit, et le premier soin doit être, de choisir un terrain sec, où les bêtes à cornes puissent se trouver à l'abri de l'humidité; si ces animaux y étoient jamais exposés, rien ne pourroit réparer le mal qui en proviendroit. Lorsqu'on a la facilité de bâtir une étable, de maniere qu'elle soit dégagée de tous côtés, on a aussi celle de pratiquer les passages nécessaires; il est bien difficile aujourd'hui de donner une place aussi libre à une étable, car chacun veut pouvoir renfermer dans une cour, tous les bâtiments qui appartiennent à l'économie rurale. L'on ne sauroit disconvenir, qu'il est bien commode pour le paysan, le fermier ou le régisseur, d'avoir l'étable à vaches auprès du bâtiment qu'ils habitent; par cette disposition, ils se trouvent plus rapprochés de leurs bêtes à cornes, sur lesquels ils peuvent mieux veiller; et outre cet avantage ils jouissent encore de celui de faire passer plus promptement et plus facilement dans l'étable, l'eau chaude dont on a besoin pour préparer la nourriture des animaux.

La chose la plus essentielle pour une étable à vaches, c'est qu'elle soit fraiche et aérée en été, et chaude en hiver. On obtient le premier de ces avantages en faisant un nombre suffisant de fenêtres et de tuyaux d'exhalaisons, le second en donnant aux murs la solidité et la hauteur convenables, et en faisant de bonnes portes, qui puissent bien se fermer. Une étable, trop élevée, seroit non-seulement inutile, à cause du froid qu'il y feroit l'hiver, mais encore elle entraîneroit dans des dépenses considérables, à cause de la grande quantité de matériaux, qu'elle exigeroit. Si au contraire, une étable étoit trop basse, elle se trouveroit sujette à beaucoup d'inconvénients dans les hivers doux; les exhalaisons fortes des bestiaux et le fumier accunulé y occasionneroient des maladies, en y corrompant l'air, dont la salubrité est absolument nécessaire à la santé des animaux. Indépendamment de cet inconvénient, on verroit l'humidité, produite par la masse des exhalaisons, nuire considérablement au bâtiment, et le ruiner en peu de temps, s'il etoit construit en bois: il importe donc de donner aux étables à vaches une hauteur convenable, c'est-à-dire de dix à onze pieds.

Pour prévenir cette humidité, autant qu'il est possible, et débarrasser l'étable des exhalaisons, dont nous avons parlé, il faudra placer de distance en distance, des tuyaux qui en favoriseront la sortie. Ces tuyaux, qui prendront naissance au plancher supérieur, seront faits de quatre planches bien jointes ensemble et de la largeur d'un pied chacune. On les conduira, comme une cheminée, jusqu'au delà du toit du bâtiment; on aura soin de les couvrir de tuiles, nonseulement pour empêcher la pluie et la neige d'y tomber, et de s'introduire dans l'étable, mais encore pour que les exhalaisons trouvent toujours une issue libre. Si on veut laisser ces tuyaux ouverts sans interruption, pendant tout l'hiver, il faut, pour empêcher l'étable de devenir bientôt trop froide, leur adapter des abatants de planches, à la hauteur du plancher supérieur; par ce moyen, on aura la facilité de les ouvrir en hiver, le matin, à midi et le soir, et de les refermer ensuite. Mais on pourra les laisser ouverts pendant toute l'été. Il faut observer que ces tuyaux doivent être plus étroits en bas qu'en haut, c'est-à-dire qu'ils iront toujours en s'élargissant, depuis leur partie inférieure jusqu'à leur partie supérieure. On fera encore mieux, si, au lieu de donner une direction verticale à ces tuyaux, on leur fait faire un coude au dessus du plancher supérieur de l'étable, pour les conduire ensuite, par une ligne oblique, jusqu'au delà du toit. Ce procédé fait gagner de la place, et procure encore un autre avantage, c'est que les exhalaisons, qui gelent pendant l'hiver, peuvent sortir du bâtiment, au moment du dégel, pourvu que le coude du tuyau soit de quelques pouces plus élevé que son issue. Les tuyaux dont je viens de parler, traversant le toit de l'étable, où se trouvent les fourrages, il est de toute nécessité de les faire bien enduire de poix; sans cette précaution les exhalaisons qui pouroient sortir par leurs ouvertures nuiroient considérablement.

On pouroit remplacer ces tuyaux par des soupiraux, pratiqués dans la muraille même, tout près du plancher supérieur, mais il faudroit qu'ils fussent faits, de maniere à pouvoir se fermer pendant l'hiver. La grandeur d'une étable doit toujours se régler, sur la quantité de bêtes à cornes que peut nourrir un bien; il est nécessaire d'y faire diverses séparations, afin de pouvoir donner à chacun de ces animaux la place, qui lui convient, suivant son âge, sa taille et son sexe. Par conséquent, on distinguera les places des vaches à lait, de celles des taureaux, des boeufs d'attelage, des bêtes stériles et des veaux. Dans les grandes métairies, où l'on entretient beaucoup de jeune bétail, et plusieurs attelages de boeufs, il est nécessaire d'avoir des étables séparées, pour les différentes classes qu'on est obligé de faire de ces animaux. Dans les petites métairies, l'on se contente de simples séparations, afin d'éviter les dépenses, dans lesquelles entraîneroit la multitude des bâtiments.

Pour ne pas tomber dans l'inconvénient d'avoir une écurie trop grande ou trop petite, il faut, avant tout, savoir l'espace que doit occuper une bête à corne debout ou couchée. Celui qu'il faut à une vache, est assez grand, quand il a quatre pieds ou quatre pieds et demi de largeur, tandis que celui qu'exige le boeuf doit en avoir cinq. Pour la longueur elle sera de 8 à 8 pieds et demi. Le jeune bétail demande moins de place, et c'est lui en donner beaucoup, que de lui passer un espace de 3 à 3 pieds et demi de largeur, pour chaque animal. Il n'est point d'usage d'établir des règles certaines pour la place des veaux; comme leur nombre dépend de celui du grand bétail, et qu'il est tantôt plus petit, tantôt plus grand, on assigne à ces animaux une étable particulière, à peu de distance de celle de leurs meres. Dans les petites métairies, où il ne s'en trouve que fort peu, l'on se contente de les séparer des vaches, par des planches seulement. C'est ainsi, que l'on s'y prend, dans presque tous les petits ménages de campagne, où l'on ne connoît ni les séparations, ni les autres moyens employés dans les grandes métairies. Il est néanmoins nécessaire, d'établir des séparations de planches ou de traverses, entre les boeufs, les vaches et le jeune bétail; la prudence nous dit assez, combien cela est essentiel dans une étable, où tous les bestiaux se trouvent réunis, ne fût-ce que pour les empêcher de se joindre.

Une étable à vaches doit être bâtie de pierre ou d'argile ou de charpente. Lorsqu'on la voudra de charpente, on aura attention de donner, au mur de fondation, la même hauteur que celle des auges, afin que la sabliere dure plus long-temps.

Il y a trois manieres différentes de placer les bêtes à cornes, relativement aux dispositions intérieures de l'étable. La plus simple et la plus usitée est celle de ranger ces animaux tous du même côté, la tête tournée vers la muraille. La seconde, qui ne peut s'employer que dans une étable assez spacieuse, consiste à les ranger sur deux lignes, la tête encore tournée vers la muraille; le milieu de l'étable est destiné au passage. Ces deux manieres ont le désavantage évident, de rendre difficile la distribution du fourrage, et de forcer celui qui doit la faire, à se glisser entre les vaches, pour en venir à bout; il resulte de là, qu'il est impossible d'entretenir la propreté nécessaire dans le passage. La méthode la plus commode et la plus avantageuse est sans contredit celle, de placer les bêtes à corne sur deux rangs, la tête tournée vers le passage, qui doit être pratiqué d'une maniere commode dans le milieu de l'étable. Au moyen de ce passage ou chemin du fourrage, il est facile de distribuer la nourriture aux bestiaux sans rien perdre. Lorsqu'un rang de vaches est très-long, on doit pratiquer des passages de côté, afin que les animaux puissent se rendre chacun à sa place, sans être heurté ni pressé par les autres. On ne sauroit mettre plus de dix vaches à la suite les unes des autres, sans faire usage de semblables passages. Indépendamment de ces derniers, on doit en établir encore un autre derriere le bétail; il servira non-seulement aux hommes et aux animaux, mais encore à la sortie du fumier; il n'aura que deux pieds de large, tandis que celui du milieu en aura cinq et ceux des côtés six à huit.

L'on pavera la place que doivent occuper les bêtes à corne, afin d'empêcher leurs urines et l'humidité de pénétrer dans la terre, et de laisser le fumier à sec, ce qui le rendroit plus difficile à enlever. Par là on evitera encore un autre inconvénient, c'est celui qu'offrent les inégalités du sol, où il se forme souvent des trous. Quand la place occupée par les animaux n'est point pavée, on enleve quelquefois la terre qui se trouve sous le fumier. Imprégnée de beaucoup de sels, elle est regardée comme un engrais excellent. Le propriétaire ne sauroit trop se hâter de remplir la place fouillée, par d'autre terre qu'il fera fortement fouler et niveler. Dans le cas où la place des animaux devra être pavée, il faudra se servir de pierres rondes, unies et plates, et bien prendre garde de ne laisser entre elles aucun intervalle, où puisse séjourner l'humidité. On obser-

D

vera de donner une pente au pavé, sur-tout dans les étables, où les bêtes à corne seront rangées sur deux lignes, la tête tournée vers la muraille; cette inclinaison ne doit rien changer à la direction du passage, qui suivra toujours une ligne parfaitement droite au milieu de l'étable. Entre ce passage et le pavé, il sera fait de chaque côté, une rigole pour l'écoulement des urines. Si l'étable a été disposée de maniere, que les animaux y soient placés vis-à-vis les uns des autres, c'est vers les murs que sera déterminée la pente, et près d'eux qu'on fera les rigoles. Lorsque celles-ci se trouveront trop près des murs, on les en séparera par des lattes ou de l'argile, pour empêcher l'humidité des immondices de faire dissoudre la chaux, d'où s'ensuivroit la ruine des murailles. L'on conduira les rigoles dans toute la longueur de l'étable, pour en faire sortir les eaux de fumier, qui se rendront dans une fosse, faite pour les recevoir, et pratiquée en dehors. La pente, dont il est parlé ci-dessus, ne doit pas être assez considérable, pour incommoder les animaux: c'est pourquoi on disposera l'inclinaison de maniere, que le pavé soit vers l'auge, seulement de quatre pouces plus haut, qu'a la partie opposée.

Les mangeoires des bêtes à corne doivent être larges d'un pied et demi, ou de deux pieds; quant à leur hauteur, elle sera, à compter du bord supérieur, de deux à trois pieds, suivant la taille de l'animal. On les fera faire de pierres de taille; on leur donnera la plus grande extension, et la forme d'auge. Ces mangeoires exigent la plus grande propreté, et doivent être nettoyées souvent, afin que la nourriture des bestiaux ne contracte aucun mauvais goût. Dans les endroits, éloignés des carierres, ces auges étant trop dispendieuses, il faudra se contenter d'en avoir de bois. Elles seront faites d'un seul tronc d'arbre ou de planches. Celles de planches sont à préférer, de beaucoup, aux autres, qui donnent lieu à un grand dégât de bois, et exigent le meilleur. Afin de se procurer les mangeoires de planches, au prix le moins cher, on ne leur donnera que huit pieds de longueur. En cas d'accident, ces mangeoires seront réparées facilement et à peu de frais, avantage qu'on ne doit pas négliger, et qui manque à de plus grandes auges, dont une seule place endommagée rend toute la piece inutile. Si l'on veut se dispenser d'appuyer les mangeoires sur des roudins de bois, on pratiquera, dans le mur, des embrasures d'un pied de largeur, et d'une hauteur convenable; ensuite on y assujettira les auges. Il sera bon aussi, quand ces mangeoires seront de pierre, d'en garnir le bord superieur, d'une forte bande de bois de chêne de quatre pouces d'épaisseur. A l'aide de cet expédient, on poura faire les trous, par lesquels doivent passer les chaînes des bestiaux, et l'on ménagera beaucoup les pierres, que ces trous endommagent considérablement, même au point d'obliger à renouveller souvent les mangeoires qui en sont faites.

L'on pouroit encore faire les mangeoires, de briques, mais elles exigeroient des réparations continuelles: par conséquent lorsqu'on en sera réduit là, à cause de la rareté des pierres et du bois, il sera mieux sans contredit d'employer l'argile cuite. Celles qui seront de cette matiere, doivent se terminer en pointe par-dessous, et avoir une forme ovale par-dessus, afin de donner à l'animal la facilité de lécher, et aux servantes de basse-cour celle d'en faire passer l'humidité en les nettoyant. Quant à leur forme et à leur dimension, elles ressemblent à celles représentées par la figure de la cinquieme planche de la premiere partie , mais avec cette différence que celles-ci sont plus profondes et revêtues de briques. Il seroit très-avantageux de voûter une étable à vaches, afin d'empêcher l'humidité d'en attaquer le plancher et de le pourrir, effet que ne manquent pas de produire les vapeurs , qui s'élèvent continuellement d'un tel lieu. Mais aux frais considérables, qu'occasionne une semblable construction, il faut encore ajouter l'inconvénient, de ne pouvoir être employée que lorsque les murs de l'étable sont pleins. Un plancher convient parfaitement, quand les murailles sont d'argile ou d'une charpente, garnie seulement de maçonnerie. C'est alors qu'un plancher supérieur de la nature de nos aires a bien son prix, car l'argile garantit les poutres de l'humidité, et empêche les vapeurs de monter dans les greniers, où elles nuiroient infailliblement au fourrage. Par surcroît de précaution, on pourroit, pour arrêter les vapeurs, recouvrir de planches épaisses le plancher supérieur. La nécessité d'éclairer le chemin du fourrage, la place des bestiaux et les personnes qui doivent traire, oblige de percer un certain nombre de fenêtres; le besoin d'issues pour les vapeurs, et de passage pour l'introduction de l'air qui aide à les chasser, en fera encore augmenter le nombre. Ces fenêtres doivent avoir des vitres comme celles d'une maison, et des contrevents qu'on fermera en hiver pour retenir la chaleur dans l'étable. En été on les remplacera par du canevas, après avoir enlevé les vîtres; par là on perpétuera les courants d'air, et l'on empêchera les mouches d'entrer et d'inquiéter les vaches.

Parmi les choses les plus essentielles pour les bestiaux dans une grande métairie, il faut compter une chambre où l'on puisse préparer leur nourriture, la place nécessaire pour la broyer ou triturer, les chaudieres et autres accessoires, ainsi que le local, dont on a indispensablement besoin pour hacher la paille, qu'on donne à manger aux animaux. La prudence exigeant qu'il y ait la nuit quelqu'un à portée de veiller sur les bestiaux, on doit faire faire dans l'étable à vaches, une chambre où coucheront des servantes de basse-cour.

Lorsque la situation d'une métairie ne permet pas de faire un abreuvoir, il faut placer dans l'étable une auge, où l'on fera couler l'eau d'une fontaine voisine, à l'aide d'un conduit; par là on évitera aux personnes, chargées du service des bestiaux, le soin pénible de porter toujours l'eau. L'on pourroit placer aussi cette auge en dehors, tout près de l'étable; et s'il se trouvoit des conduits dans le voisinage, on ne manqueroit pas de s'en servir de la maniere indiquée ci-dessus. Il seroit sans doute bien agréable et bien commode, si, sous la chambre où doit se préparer la nourriture des bestiaux, l'on pouroit avoir une cave, pour recevoir les pommes de terre, raves, carottes, enfin tout ce qui fait partie de cette nourriture. La facilité de porter ces objets sans peine de ce lieu dans la chambre, dont il vient d'être fait mention, doit être encore comptée pour quelque chose.

Dans une étable où se trouvent beaucoup de vaches, il faut pratiquer plusieurs passages; ces animaux ayant alors la faculté de se partager en entrant et en sortant, ne nous exposent point au désagrément de les voir se heurter, se pousser ou se presser. Le danger du feu doit aussi réveiller notre attention; c'est pourquoi il faut avoir plusieurs portes dans une étable. On observera qu'elles soient disposées de maniere, que le régisseur de la métairie, puisse les voir de son logement, et prévenir les abus qui pouroient résulter de leur nombre, comme de faciliter les moyens de voler du fourrage, ou de détourner d'autres objets.

Il doit toujours régner une très-grande propreté dans les étables. Cette premiere regle, dont l'observation contribue tant à la conservation des bestiaux, prouve non-seulement la nécessité d'aérer les étables, et de ne point y laisser séjourner long-temps le fumier, mais elle exige encore qu'on nettoie avec beaucoup de soin les coins les plus reculés, le plancher supérieur, et qu'on ne laisse aucune toile d'araignée. Par une suite naturelle de ces observations, il faudra donc bien se garder de mettre dans une étable ni cheval, ni mouton, ni chevre, ni cochon; outre l'inconvenient qui résulteroit d'une place trop resserrée pour les bestiaux, et de la malpropreté qui en seroit la suite, l'altération de l'air qu'occasionneroit un plus grand nombre d'animaux, pouroit donner lieu à des maladies, dont on ne sauroit trop éviter la cause. L'esquisse suivante donnera encore une idée plus claire des regles qu'il faut observer, lorsqu'on veut avoir des bestiaux.

Planche I.

L'on parvient par les portes, *n*, au milieu de l'étable, et de là à la chambre, où se prépare la nourriture des bestiaux; aux deux côtés de cette chambre sont les auges, *5*. Derriere la place des animaux, il est facile de remarquer la rigole, *r*, qui doit servir d'écoulement aux urines. Au delà de la chambre, dont il vient d'être fait mention, on a pratiqué au milieu du plancher supérieur, une ouverture qui sert à faire descendre le fourrage, nécessaire au besoin journalier des bestiaux. *o* offre les fenêtres, par lesquelles l'étable reçoit le jour qu'il lui faut. A une des extrêmités de la chambre, où se prépare la nourriture des bestiaux, est placé un cuvier plein d'eau; à l'autre extrêmité, se trouve la porte, *n*, qui mene dans le passage, *d*, de l'étable, *b*, du jeune bétail. On peut passer par un côté de cette étable, dans celle des vaches. Vis-à-vis l'étable du jeune bétail, se trouve la chambre, *e*, qui contient l'herbe pour les animaux. Vient ensuite le logement des domestiques, qui a une entrée particuliere, par laquelle on arrive sur le devant de la maison, *k*. Ce logement consiste en une chambre à feu, *h*, une à coucher, *i*, et une cuisine, *f*, dans laquelle est une chaudiere, *m*, dont le besoin est presque continuel. De cette piece il est facile de passer à la laiterie. De la place qui se trouve devant la cuisine, on va à l'escalier, *l*, qui conduit au grenier. La figure, *B*, offre la principale vue de l'étable; les soupiraux, placés sous le chapiteau du toit, ainsi que l'extrêmité du plancher supérieur s'y font remarquer. Au milieu du toit se trouve une ouverture, qui sert à monter le fourrage au grenier, et à l'en descendre.

P L A N C H E II.

L'on ne voit sur cette planche que quelques parties de l'étable à vaches. La figure, *A*, offre la vue du bâtiment par derriere, et *B*, celle de côté. La figure, *C*, représente le profil, pris dans la longueur du bâtiment, ainsi que les soupiraux qui doivent donner une issue aux exhalaisons; l'on peut bien y remarquer la maniere, dont ils ont été conduits jusqu'au delà du toit. La figure, *D*, est le profil du bâtiment, vu dans sa largeur.

P L A N C H E III.

La figure, *A*, représente le plan de l'étable destiné aux boeufs, et *B* la façade de ce bâtiment.

De l'étable, *a*, l'on va à la porte, *m*. A une extrêmité du chemin du fourrage, est placé le coffre, *k*, qui contient l'avoine etc. et à l'autre se trouve le lit des personnes, attachées au service de l'étable. L'ouverture, *i*, faite au plancher supérieur, sert à jeter ou à descendre le foin, qui se trouve au grenier. Sur le devant de la place qu'occupent les boeufs, sont les mangeoires, *p*, et derriere, les rigoles, *o*, qui servent à l'écoulement des urines. L'étable reçoit son jour par les fenêtres, *n*.

Cette étable n'occupe qu'un côté du bâtiment; dans l'autre se trouve une seconde étable, *l*, destinée aux bestiaux malades. Celle-ci comme la premiere est pourvue d'un coffre, *k*, et d'un lit, *l*, pour les servantes. L'ouverture désignée par la lettre, *i*, sert à jeter le fourrage, nécessaire aux bestiaux. Tout auprès et sous la lettre, *f*, se trouve la cage de l'escalier, qui conduit au grenier et dans la chambre, où la chaudiere, *g*, doit être placée sur le feu. L'on voit en, *c*, la chambre des harnois, et en, *d*, celle où se coupe le fourrage des bestiaux. Un vaste hangar, qui sert de remise aux grands chariots, et sous lequel on place les charrues et autres instruments, occupe une place considérable au milieu du bâtiment.

P L A N C H E IV.

Cette planche offre encore une étable pour les boeufs; on lui donnera la préférence sur la précedente, si, par sa disposition et ses accessoires, elle paroît mieux convenir au local de la cour, où l'on construira de côté, un hangar, *l*, pour les harnois; placé de cette maniere avantageuse, le hangar a deux sorties principales, *m*, dans la cour, et deux portes, *m*, qui conduisent à l'étable.

Cette étable, *A*, presente, dans le milieu, le passage qui sert à la distribution de la nourriture; de chaque côté, se trouvent les places des boeufs et les mangeoires, *p*, qu'il est facile de remarquer; derriere les places des boeufs, sont les rigoles, *o*, qui doivent servir à l'écoulement des immondices. Un peu au delà du milieu du passage, l'on voit l'ouverture, par laquelle doit être jeté le foin des animaux. A une des extrémités du passage, est le coffre, *i*, et à l'autre un lit. De cette étable on passe à la cage de l'escalier, *f*, qui conduit à la place de la chaudiere, *k*, à la

E

chambre des harnois, *b*, et à celle, où la paille doit être hachée. Tout auprès de cette étable, s'en trouve une autre pour les bestiaux malades, avec un lit, où couchera la personne chargée de les veiller.

La figure, *B*, présente le derriere du bâtiment; la figure, *C*, offre la façade d'après le change-ment qui a été fait au plan: enfin la figure, *D*, représente le hangar pour les chariots.

PLANCHE V.

Après avoir vu les dispositions de l'étable à vaches d'une grande métairie, il est temps de pas-ser à celles de l'étable d'un paysan; celle-ci sera placée auprès de l'habitation du maître.

D'abord l'on remarquera une étable, *a*, de six vaches, avec les mangeoires, *b*, et les rigoles ou canaux d'ecoulement, *r*, derriere la place des animaux. Cette étable a deux entrées, l'une du côté de la cour, et l'autre du côté, où loge le paysan. L'on verra dans un coin une séparation, *b*, pour le jeune bétail. Auprès de l'étable est une chambre, pour renfermer les herbes ou le fourrage verd.

Après avoir monté quelques marches, l'on arrive par la porte, *n*, à l'entrée de la maison, *d*, là se trouve l'escalier, *e*, qui conduit au grenier. A côté l'on voit, la cuisine, *q*, la laiterie, *h*, et une chambre à feu. De celle-ci on passe dans une autre chambre, *m*, puis à une place dégagée, *k*, où se trouve le four, *l*; à côté est la chambre, *i*, où l'on pétrit. Sous le petit portique devant la maison, il faut remarquer une fontaine, *p*, avec sa pompe. La place, *q*, offre une petite galerie, destinée à sécher des fromages, ou à tout autre emploi de l'économie rurale. Le toit de la maison passe par dessus le portique, et couvre tout à la fois la galerie et la fontaine.

La figure, *B*, donne une idée de la vue de cette maison.

PLANCHE VI.

La figure, *A*, offre le profil de l'étable, dont la description vient d'être faite, et la figure, *B*, représente le profil, pris sur la longueur de la maison du paysan; l'on y remarque les chambres, l'escalier et l'étable pourvue de tuyaux d'exhalaisons, qui dépassent le toit, et dont l'effet est d'en-tretenir la salubrité de l'air. La figure, *C*, représente le bâtiment vu de côté, avec la chambre qui contient les herbes ou le fourrage verd.

Lorsqu'au lieu de mangeoires de pierre ou de briques, on voudra se servir de baquets, il fau-dra avoir attention de leur donner la forme de ceux de la figure, *D*. Ils seront enveloppés dans un treillage; il est nécessaire de les nettoyer et de les suspendre au-dessus de leur place, aussitôt que les animaux ont cessé de manger.

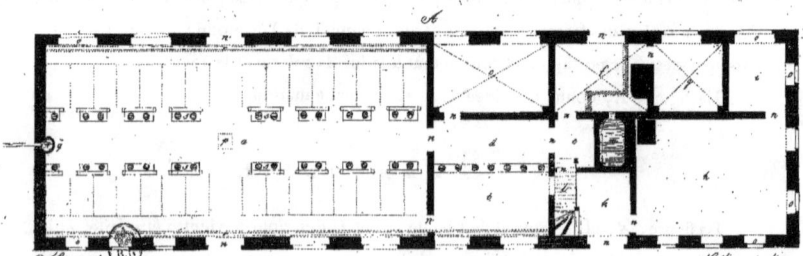

A.   *B.*

C.   *D.*

30 Pr. Ellen.

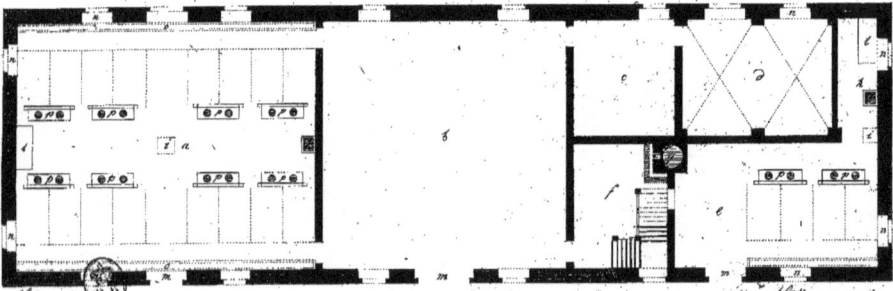

B

5   10   15   20 Dr. Ellen.

A

Tab. III.

C

B

D

A

Meine del.

Bötger Drsd. sculps. Lipsia.

Tab. IV.

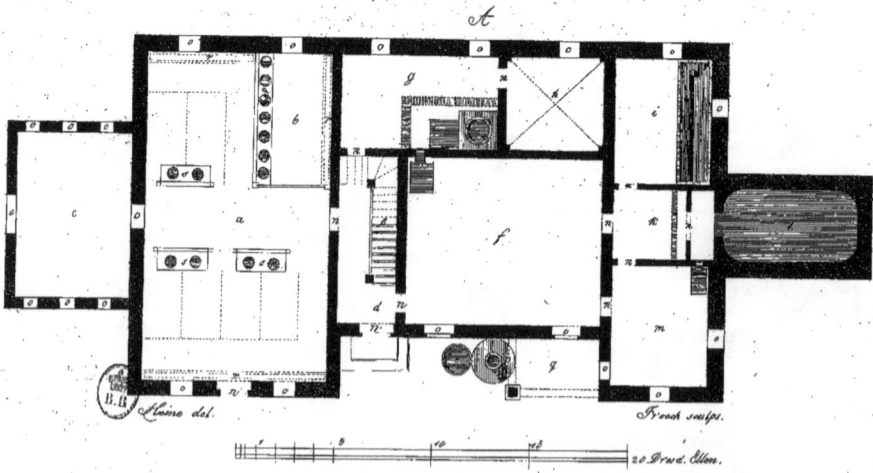

B

A

B.B. *Heine del.*   *Frosch sculps.*

20 *Drosd. Ellen.*

A

B

C

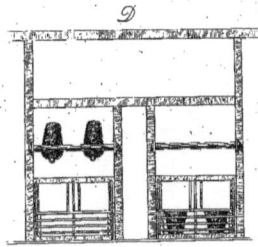

D

Frisch sculps.

Tab. VI.

BERGERIE.

BERGERIE.

Avant toute chose, il faut avoir attention de construire ce bâtiment sur un terrain élevé, car l'humidité nuisant singulierement à la santé des moutons, il est de toute nécessité de ne loger ces animaux que dans un endroit sec. Cette raison engage encore, à exhausser de six pouces le sol de la bergerie, afin de le garantir de l'humidité, qui pouroit provenir de la neige et de la pluie. Comme une bergerie spacieuse ne peut avoir sa place parmi les bâtiments d'une basse-cour, il sera facile de lui trouver un emplacement convenable, lorsqu'un grand nombre de moutons obligera de la faire d'une capacité considérable.

Les murs de la bergerie pourront être de pierre ou de charpente garnie de maçonnerie. La grandeur en sera proportionnée au nombre d'animaux, qu'elle doit contenir, et la prudence exige qu'elle ne soit ni trop petite ni trop vaste. Dans le premier cas la santé des moutons souffriroit considérablement; et dans le second il y auroit d'inutiles frais de construction. Le plus sûr est donc de compter cinq à six pieds quarrés par animal, et de regler ensuite, sur cette mesure, la grandeur de la bergerie. Comme l'on ne peut toutefois décider arbitrairement de la profondeur et de la largeur de ce bâtiment, d'une maniere convenable à l'emploi qu'on doit faire de la place, et que la maniere de compter par pieds quarrés n'est pas la plus sûre, on se sert d'une autre méthode. Pour cela il faut placer sur une file un nombre de râteliers, égal à celui qui doit se trouver un jour dans la profondeur de la bergerie; la longueur de l'espace qu'ils occuperont, sera celle qu'il faudra donner au bâtiment.

Avant de fixer la profondeur d'une bergerie, il est essentiel de s'occuper de son élévation, qui doit aussi influer dans cette détermination. Une bergerie trop haute seroit non-seulement trop froide en hiver, mais elle entraîneroit encore dans des dépenses superflues; et une trop basse, ne faisant que resserer la masse des exhalaisons, deviendroit malsaine pour les moutons. A cet inconvénient il faut encore ajouter celui qui est produit en hiver par l'élévation continuelle du fumier, laquelle diminue celle de la bergerie. La véritable hauteur qu'il faut lui donner doit être au moins de douze pieds.

F

Comme les exhalaisons ne peuvent qu'être considérables dans un lieu, où la quantité seule des animaux est plus que suffisante pour les occasionner, on a soin, pour en faciliter la sortie, de faire des ouvertures dans la muraille, à la hauteur du plancher supérieur; on pourra leur adapter des tuyaux semblables à ceux, dont nous avons conseillé l'usage à l'article de l'écurie. Mais il faudra avoir attention de les laisser ouverts nuit et jour, à moins que la prudence n'oblige de les fermer à moitié ou tout à fait, dans une saison trop rigoureuse, qui pourroit refroidir la bergerie.

L'on portera l'attention, jusqu'à munir ces ouvertures de volets, pour empêcher l'introduction du froid; et si au lieu de volets on y plaçoit des vitres, le propriétaire s'en trouveroit fort bien, car les moûtons prosperent d'avantage dans une bergerie éclairée que dans une obscure. Comme les bergeries sont si profondes, que les poutres principales se pliéroient et pouroient rompre, si elles restoient sans appui, il sera donc nécessaire de placer des étaies, qui seront soutenues par des piliers, dont on fixera le nombre d'après la longueur des poutres et celle du bâtiment. S'il a 38 à 40 pieds de long, on n'aura besoin que d'un rang de piliers, et il en faudra deux au contraire, si il est de 40 à 50 pieds. En étançonnant, ou en divisera la longueur en deux parties egales, s'il n'y a que deux supports, et en trois, s'il y en a trois. Tous les piliers seront placés bien exactement au milieu des étaies, dans la longueur de la bergerie, et suivront la même ligne que les râteliers, de maniere qu'ils ne puissent rétrécir la place des moutons. Il sera nécessaire de maçonner ces piliers par le bas, jusqu'à une hauteur proportionnée à l'élevation du fumier pendant l'hiver. L'on mettra par-dessus des pierres de taille, pour empêcher l'extrêmité de se pourrir.

Quelquefois, au lieu de faire usage de piliers, on se sert de poutres arrêtées et suspendues par le haut; les moutons y gagnent de la place, et ne peuvent gâter leurs toisons, ce qui arrive souvent avec les piliers. Mais en faisant arrondir et lisser ces derniers, on remédie facilement à cet inconvénient, qui d'ailleurs n'est que très-leger, car le nombre de moutons qui peuvent gâter leurs toisons coutre est bien petit. S'il étoit à craindre que les murs de la bergerie n'occasionnassent le même inconvénient, on auroit soin de le prévenir en garnissant ces murs de planches, hautes de 4 à 5 pieds, et en les faisant lisser.

Il n'est pas nécessaire d'établir des séparations dans les bergeries comme dans les étables ou dans les écuries. On n'a besoin que d'y mettre des râteliers, devant lesquels les moutons se placeront pour manger. Ces râteliers seront simples ou doubles. Les premiers s'assujettisent au mur de la bergerie dans toute sa longueur, et les seconds se placent sur des pieds dans l'intérieur, pour que les moutons y puissent prendre leur nourriture des deux côtés. Les râteliers ne doivent être ni trop hauts, ni trop pas, ni trop obliques. Lorsqu'ils sont trop bas, les moutons tirent plutôt le fourrage d'en haut que celui des côtés, et gâtent non-seulement leur nourriture, mais encore leur laine, en la salissant. Une direction trop oblique empireroit ce mal, et feroit naître un autre inconvenient; dans cette disposition, le fourrage tomberoit en plus grande quantité sur le cou de l'animal, et en s'y mêlant à la laine, il en altéreroit nécessairement la qualité.

Il y a des personnes qui ont adopté la méthode de placer de petites mangeoires sous les râteliers, et qui y trouvent un très-grand avantage. Non-seulement elles économisent le fourrage qui tombe dans les mangeoires, et qu'elles redonnent aux moutons, mais elles conservent encore la graine du foin, en l'empêchant de tomber aux pieds de ces animaux, qui la fouleroient et l'écraseroient. On peut tirer un autre parti avantageux de cette méthode, en s'en servant pour présenter aux moutons, du foin coupé et mêlé avec des raves, des carottes, des marrons etc., ce qui seroit impossible sans les auges dont il est question ici. Elles doivent être faites de planches d'un pouce et demi d'épaisseur, lissées et arrondies sur les bords, et elles auront 6 à 7 pouces de profondeur. Si l'on ne prenoit point la précaution de lisser ces planches, la laine des moutons s'y accrocheroit peu à peu, et il s'en perdroit une grande quantité.

Il est d'usage d'employer aussi des mangeoires doubles; une séparation, faite dans leur longueur, porte un râtelier en forme de triangle, lequel est fixé de maniere, que les moutons puissent tirer commodément le fourrage qui s'y trouve et manger celui qui est devant eux dans les auges. Il ne faut mettre ces creches ni à terre, ni a une hauteur, qui empêchât les moutons d'atteindre leur nourriture. Elles seront placées ou dans la longueur de la bergerie, ou en travers. Pour leur donner la hauteur convenable, et la fixer d'après le plus ou le moins d'élévation du fumier, il est nécessaire d'enfoncer à leurs extrêmités, des poteaux dans des trous faits exprès ; par le moyen de chevilles, adaptées à ces poteaux ou piliers, on poura, selon le besoin, abaisser ou élever ces auges.

Lorsqu'il est impossible de donner d'abord, à une bergerie, l'espace qui lui convient, on y fait au moins des divisions, ne fût-ce que pour séparer les moutons, suivant l'âge et le sexe, et l'on emploie pour cela des claies.

L'on se gardera bien de paver une bergerie, ou d'y faire des rigoles, attendu que le fumier des moutons imprégné de leurs urines en est meilleur, et plus propre à faire des engrais. Quelquefois cependant elles ont des rigoles, que l'on conduit dans la cour jusqu'à la fosse aux immondidices. Comme le sol qui se trouve sous le fumier des moutons, est chargé de beaucoup de sels, qui forment d'excellent engrais, on poura le faire enlever tous les ans, pour fumer les champs, mais il faudra le remplacer par de la terre fraiche. Dans quelques endroits, où il est d'usage, à l'époque de la moisson, de changer une bergerie en grenier, il faut en réserver une partie, dont on fera une grange.

Le plancher supérieur de ce bâtiment doit être garni, entre les solives, de pieces de bois revêtues d'un torchis. En y ajoutant encore des planches, on mettra les poutres et les solives à l'abri des exhalaisons qui ruinent le bois en très-peu de temps. L'on poura se procurer d'excellents greniers, au-dessus de la bergerie, par le moyen de planches bien jointes, ou d'un plancher, fait d'argile et de plâtre. Quelques personnes font couvrir de solives transversales, les poutres dont il vient d'être question, et placent dessus, de la paille ou du foin, qui doivent servir de nourriture aux moutons pendant l'hiver. Cette habitude ne peut qu'avoir les plus mauvaises suites, parce que les vapeurs qui pénetrent la paille ou le foin, en alterent la qualité. La poussiere, occasionnée par l'une ou l'autre, et les particules qui en tombent, s'attachent d'une manière si tenace à la laine des moutons, qu'il est impossible de l'en defaire, d'où il résulte une malpropreté, qui lui est fort nuisible.

Ce n'est que d'après la situation d'une bergerie, que l'on doit se régler sur les entrées et les sorties, qu'il est nécessaire d'y faire. Il sera aussi utile que commode d'avoir dans chaque mur de pignon, une porte assez élevée, afin que les voitures, qui doivent enlever le fumier, puissent entrer par un coté et sortir par l'autre, toutes chargées. Dans les petites bergeries, les portes n'auront que quatre pieds de largeur, mais elles seront à deux battants, parce que les moutons se pressent ordinairement en entrant et en sortant. Les grandes bergeries auront deux portes cocheres, et quelquefois même davantage, afin de pouvoir recevoir les voitures, qui doivent enlever le fumier, ou apporter la paille pour la litiere, ces portes doivent avoir au moins 10 pieds de largeur. Quant à la maniere de les placer, c'est sur le local, qu'il faut se régler. Quoiqu'il en soit, elles auront deux battants, qui s'ouvriront en dehors et point en dedans, afin de n'y point rétrécir l'espace. Afin de ne pas être obligés d'ouvrir la porte cochere, chaque fois qu'il faudra laisser entrer ou sortir les moutons, on pourra y en faire une plus petite, d'environ trois pieds de largeur.

Afin qu'une bergerie reçoive le jour convenable, on perce des fenêtres dans un des deux plus longs murs du bâtiment. Il faut qu'elles soient un peu élevées et pourvues de grilles de fer, pour qu'aucun animal ne puisse s'échapper par ces ouvertures. Au lieu de fenêtres, quelques particuliers ont fait faire des fentes d'un pied de largeur, qu'ils ont ensuite munies de deux barres de fer, croisées. Les fenêtres offrent l'avantage de renouveller l'air; quand elles ont 5 à 6 pieds de hauteur, on adapte à leur partie inférieure des carreaux de verre, auxquelles on substitue une grille de 12 à 14 pouces avec un volet, lorsqu'elles sont plus élevées.

Il est deux autres especes de bergeries, les unes sont ouvertes et les autres à demi-ouvertes. Les dernieres consistent dans un toit qui repose sur des piliers ou des poteaux de bois, à peu près comme un hangar. Les bergeries ouvertes, qui à proprement parler, ne méritent pas le nom de bergeries, ne sont autre chose que des parcs, tels qu'on en voit dans les champs; elles ne sont point fort en vogue en Allemagne; parce qu'elles ne conviennent point au climat.

Planches I. II. III. IV.

Ces planches représentent une bergerie à demi-ouverte à côté d'une bergerie ordinaire.

La premiere planche offre le plan du bâtiment. L'on remarque sur une place dégagée *A*, le toit de cette bergerie, supporté par des piliers de bois. Les rigoles, *e*, portent les urines et autres immondices à quatre fosses faites dans la cour. Ces fosses sont couvertes de planches, pour empêcher les moutons d'y sauter; elles pourroient encore être entourées de garde-foux qu'il est facile d'enlever, lorsqu'il est question de les nettoyer. Les râteliers, *d*, et les mangeoires, placées dessous, se trouvent au milieu de la bergerie dans le sens de la longueur. L'on donne à ces mangeoires la forme d'un triangle , qui s'élargit par le haut ; il est necéssaire de les couvrir de planches, pour empêcher les moutons d'y sauter. La lettre, *k*, marque l'entrée de cette bergerie.

L'on arrive par une autre porte, *k*, à la bergerie attenante et ordinaire, *B*. Il est facile d'y remarquer d'abord les râteliers, *d*, et les rigoles, *c*, qui aboutissent à celles de la première. L'on voit en, *c*, le logement du berger. De ce logement, on peut se rendre promptement dans la berge- rie, par la porte, *k*. Près de là se trouve la chambre, *h*, et la cuisine, *f*, avec son foyer, *n*, d'où l'on allume le poële, *m*, de la chambre à feu. Auprès de ce poêle est une chaudiere murée, dans laquelle se trouve toujours de l'eau chaude. Il est facile de remarquer en, *g*, l'escalier qui conduit au grenier et à la chambre au-dessus de celle du berger. Les lettres, *i*, montrent les fenêtres, qui éclairent ce logement et la bergerie.

Les lignes ponctuées, *l*, désignent les poutres ou solives du plancher supérieur.

La figure, *A*, de la seconde planche offre la perspective, ou la partie antérieure de la bergerie ordinaire avec le logement du berger. Les trois fenêtres, *a*, à main droite éclairent la bergerie. La cuisine du berger et sa chambre à coucher reçoivent leur jour, par les deux autres fenêtres, *b*, qui se trouvent à main gauche. La grande ouverture, *c*, qu'on voit au milieu du bâtiment sert à monter le fourrage au grenier. Les autres fenêtres, *d*, et, *e*, sont destinées à éclairer le grenier, et à y renouveller l'air. Des trois tuyaux qu'on peut remarquer au-dessus du toit, il y en a deux qui servent d'issue aux exhalaisons de la bergerie, et le troisieme est celui de la cheminee de la chambre du berger.

La figure, *B*, représente la perspective de toute la bergerie, vue par le côté, où se trouve le logement du berger. On voit en, *k*, l'entrée de ce logement, qui a de chaque côté une fenetre, *i*, dont l'une est de la chambre a feu et la seconde d'une autre chambre. Les fenetres, *d* et *e*, éclai- rent celles, qui sont faites dans l'espace intérieur de ce même toit. L'ouverture, *c*, qu'on voit à main droite, sert à monter le fourrage dans le grenier, par le moyen d'une grue, *o*. Vers un des côtés, on voit le mur qui entoure la bergerie à demi-ouverte; les ouvertures oblongues, *p*, qu'on y a percées, ne servent qu'à établir un courant d'air sous le toit de cette bergerie.

La figure, *A*, de la troisieme planche est le profil de la bergerie à demi-ouverte. Der- riere se trouve la bergerie ordinaire, ainsi que le logement du berger. Il est facile de remarquer les piliers, sur lesquels repose le toit de la bergerie à demi-ouverte, les râteliers et les mangeoi- res, *d*, qui se trouvent dessous, la porte, *k*, de la bergerie ordinaire, et quatre fenêtres, dont deux sont de la bergerie ci-dessus et deux du logement du berger. Le toit de la bergerie à de- mi-ouverte est appuyé par devant et par derriere sur le mur de clôture et par un des côtés sur celui de la bergerie ordinaire. L'on voit de quel usage sont les ouvertures, *g*, pour établir des courants d'air.

La figure, *B*, offre la perspective de tout le bâtiment ci-dessus, avec une entrée au mi- lieu, où l'on remarque une porte quarrée, qui conduit à la bergerie fermée. On voit aussi une partie du toit de celle qui n'est qu'à demi-ouverte.

G

—— 26 ——

La figure, *A*, de la quatrième planche offre le profil de la bergerie ordinaire; il poura donner une idée de son intérieur. Il présente ce bâtiment dans toute sa longueur; on y voit d'un côté les fenêtres, les râteliers et les mangeoires, *d*, et de l'autre, le logement du berger avec le poêle, *m*, ainsi que deux portes; l'une d'elles conduit à une chambre à coucher, l'autre à la cuisine et à l'escalier, dont une partie est facile à apercevoir. Les tuyaux ou cheminées, qu'on remarque au toit, sortent l'un du logement du berger, et les autres de la bergerie.

La figure, *B*, est le profil de tout le bâtiment destiné aux bergeries. On y remarque les mangeoires, *d*; la bergerie ordinaire présente la porte et la fenêtre de la chambre du berger.

Planche V.

La bergerie ordinaire, dont on voit le plan par la première figure de cette planche, est d'une capacité à pouvoir renfermer cinq cents moutons. Comme elle est d'une profondeur considérable, il a fallu soulager les murs, qui portent le poids de la charpente et du plancher, en faisant construire des piliers de bois, ou des colonnes de pierres, *a*, destinés à supporter une partie de ce fardeau: on les a rangés sur deux lignes. Les râteliers et les mangeoires, *b*, sont mobiles et peuvent s'enlever, à volonté, ce qui est absolument nécessaire, pour laisser la facilité d'ôter le fumier.

C'est encore, afin de rendre ce travail plus aisé, qu'on a pratiqué, dans les murs de pignon, de grandes portes, *f*, dont l'une sert d'entrée aux voitures qui doivent être introduites dans la bergerie pour cet effet, tandisque l'autre leur sert de sortie. En été ces portes ne sont fermées que par des barrières ou claires-voies, qu'on remplace en hiver, par des portes de planches. Le jour entre dans cette bergerie par les fenêtres, *c*. Indépendamment des deux grandes portes, dont nous venons de parler, il en est encore deux autres petites, *d*, dont l'une conduit au logement du berger, *B*, lequel est attenant.

L'on y remarque aisément la chambre à feu, *e*, la cuisine, *g*, avec son foyer d'où l'on allume le poêle, *i*, de la chambre ci-dessus. Vient enfin l'escalier, *k*, qui conduit au grenier. Une des fenêtres, *c*, de ce logement donne sur la bergerie, tandisque les autres sont sur la cour, de manière que le berger peut voir, de chez lui, tout ce qui se passe dans l'une et dans l'autre.

Les autres figures de cette planche représentent un râtelier et une mangeoire, semblables à ceux de Monsieur de Hemm; ils sont construits de manière que ni la poussière, ni la graine ne peuvent tomber sur le cou ou la toison des moutons.

La figure, *A*, représente un râtelier et une mangeoire tenant ensemble, lorsque les moutons tirent leur nourriture du râtelier.

La figure, *B*, offre les mêmes objets, lorsque le râtelier est élevé, et que les moutons mangent la graine du foin, tombée dans leurs mangeoires, ou toute autre nourriture.

L'on voit par la figure, *C*, le râtelier et la mangeoire fermée d'un côté, et assujettie par le moyen d'un pieu fixé en terre.

La figure, *D*, montre les mêmes objets , mais sans pieu et le râtelier ouvert.

L'on remarque à la figure, *A*, les deux pieux, *a*, qui d'après l'indication de la figure, *C*, glissent entre des coulisses pour être enfoncés en terre; fixés de cette manière, ils servent à assujettir les râteliers et les mangeoires. Les coulisses, *m*, sont vides et plus distinctes à la figure, *D*. La lettre, *b*, représente, dans les quatre figures, les mangeoires, placées sous les râteliers, et la lettre, *c*, les râteliers avec leurs barreaux. Les lettres, *d*, présentent les pieces de bois des râteliers, auxquelles sont attachés les barreaux; ces pieces de bois sont fixées à leur tour par la corde, *h*, afin qu' aucun mouton ne puisse sauter dans le râtelier. Cette corde *h*, ainsi que la manière, dont elle suspend les râteliers, aux chevilles, *i*, peuvent être remarquées à la figure, *B*. On voit, figure *D*, une traverse, *e*, qui sert à séparer les deux pieces de bois du râtelier, *d*, lorsque le berger veut y mettre du fourrage. *f* présentent les barreaux de la partie transversale inférieure du râtelier, lesquels se sont un peu élevés; quand ils sont comme dans la figure, *e*, la graine du foin passant entre eux, va tomber dans les mangeoires, tandis que les moutons mangent. Il est facile de compter ces barreaux, qui se trouvent au nombre de 14 sur les pieces de bois inférieures, *d*, figure *A* et *B*.

L'on aperçoit figure, *D*, deux supports, *g*, qu'il est possible de voir entierement, quand les râteliers sont ouverts, et seulement un peu, lorsque ceux-ci sont fermés comme dans la figure, *C*; *h*, figure, *B*, sont les cordes, qui servent à suspendre le râtelier aux chevilles de bois, *i*, lesquelles peuvent être élevées ou abaissées à l'aide des deux trous, *k*, figure, *C*; *l*, représentent, dans les quatre figures, deux traverses de bois, sur lesquelles repose le râtelier; les extrémités en sont fixées, afin que les moutons ne puissent les faire remuer ; *m*, figure *D*, présentent les deux coulisses, dans lesquelles glissent les deux pieux, lorsqu'on les enfonce dans la terre, au moyen de la pointe, *a*, figure *C*, qu'ils ont à leur extrêmité inférieure. Par le moyen de ces pieux, on peut élever les râteliers, lorsque le fumier s'accumule dans la bergerie.

Planche VI.

Le devant de tout le bâtiment, représenté par la figure, *A*, laisse apercevoir la saillie, que le logement du berger a sur les bergeries. La porte de ce logement est surmontée d'un auvent. L'on voit au toit une ouverture, qui sert à monter le fourrage dans le grenier. Le logement du berger a un entresol, éclairé par trois petites fenêtres, dont l'une, au milieu, est à demi-circulaire. Le toit de cet entresol est plus bas que celui de la bergerie.

Les fenêtres de celle-ci sont très-élevées, et déscendent néanmoins fort bas; elles sont divisées en deux parties égales par une traverse, et pourvues de grilles de fer, pour qu'aucun animal ne puisse s'y introduire. L'on voit au-dessous des fenêtres des ouvertures à demi-circulaires, qui ont des volets; ceux-ci ne s'ouvrent que pour faire sécher, plus promptement, le sol de la bergerie, lorsqu'on en tire le fumier.

La figure, *B*, offre la bergerie vue de côté, et le logement du berger. Au milieu du mur de pignon est une grande porte cochere, pour donner entrée aux chariots; cette porte se ferme avec une barriere de lattes. Des deux côtés se trouve une grande fenêtre, semblable à celles décrites dans l'article précedent; en dessous est une ouverture à demi-circulaire. A main droite, on aperçoit l'auvent, *b*, de la porte du berger, et au-dessus la grue qui sert à monter le fourragé au grenier.

Planche VII.

La figure, *A*, offre la bergerie de la planche précédente, vue par derriere. Au milieu du bâtiment, qui forme une saillie, on voit une porte fort élevée; elle est cintrée par le haut, ainsi que les deux fenêtres, entre lesquelles elle se trouve, ce qui distingue ces trois ouvertures des autres semblables.

La figure, *B*, est la représentation du pignon, opposé à celui qui est décrit à la planche précédente. Il a une grande entrée avec une porte. L'on aperçoit à gauche une partie seulement du logement du berger, qu'il auroit été inutile de dessiner en entier.

Planche VIII.

La figure, *A*, est le profil de la bergerie, pris dans la longueur du bâtiment. Il est facile de voir comment la partie inférieure des portes et fenêtres est garnie de grilles, comment les piliers ou colonnes servent d'appui au plancher supérieur de la bergerie. Les greniers spacieux qui sont sous le toit, n'échapperont pas non plus à l'oeil.

La figure, *B*, montre le profil de la bergerie, pris dans sa largeur. L'on y remarque fort bien le logement du berger, sa chambre à feu, son poêle, *a*, et la chambre de l'entresol.

Planche IX.

Jusqu'à présent, il n'a été question dans cet ouvrage, que des bergeries ordinaires et de celles qui sont à moitié ouvertes. Il est temps de nous occuper d'une autre espece, que l'on doit à Monsieur Daubenton. Celles-ci ouvertes de quatre côtés, ne sont fermées que par le haut.

Le bâtiment représenté par la figure, *A*, est assez vaste pour contenir un troupeau de mille moutons. Le toit en repose sur des piliers de bois, *a*, il est encore un autre toit, mais plus bas, appuyé d'un côté sur les piliers *a*, et de l'autre sur de plus petits, *b*. Les râteliers, *d*, placés au milieu de la bergerie, s'étendent dans toute sa longueur. Les lignes ponctuées, *c*, désignent les poutres du plancher supérieur. Les deux cabanes, *e*, qu'on aperçoit dans la cour, sont des loges de chien.

La figure, *B*, représente un bâtiment singulier, qui sert de logement au berger ; il est situé devant la façade principale de la bergerie, et est attenant à la muraille, *n*, qui embrasse toute la bergerie. La chambre à feu, *f*, occupe la plus grande partie de ce logement ; d'un côté, elle est contiguë, à la chambre à coucher, *g*, et de l'autre à la cuisine, *i*, de laquelle on peut faire passer du feu dans le poêle, *k*, de la chambre, *f*. Entre ces deux dernieres pieces, est pratiquée la cage de l'escalier, *h*. Ce bâtiment a deux portes, l'une sur la cour, et l'autre sur la rue, vis-à-vis la cage de l'escalier. Les lettres, *l*, marquent les places des fenêtres.

P L A N C H E X.

La figure, *A*, fait voir l'élévation d'une bergerie ouverte. Rien de plus facile que d'y remarquer, comment le petit toit est appuyé sur les piliers du grand. Le logement du berger est représenté au milieu. L'on s'est dispensé de marquer les murs de clôture, parce qu'ils auroient masqué la bergerie.

Les autres figures de cette planche servent à décrire des mangeoires, semblables à celles qu'a fait faire le Comte de Magnis à Eckersdorf, dans le comté de Glatz.

La figure, *B*, offre tout l'ouvrage, et la figure, *C*, en fait voir le profil. Les lettres, *a*, de l'une et de l'autre représentent les mangeoires, qui doivent être de pierres de taille, ou de moellons, ou de bois, suivant la facilité, qu'on peut avoir de se procurer ces matériaux. Celles de cette planche ont quinze pouces de hauteur et autant de largeur. La lettre, *b*, représente le mur, bâti de charpente, et auquel sont retenues les auges. L'on peut remarquer en, *c*, les râteliers que la figure, *B*, montre descendus, et tels qu'ils sont en, *c*, 1, figure, *C*; en, *c*, 2, de la même figure, on les voit relevés, et dans la position, qu'ils doivent avoir, lorsque les moutons prennent leur nourriture dans l'auge, *a*.

Pour empêcher les moutons de sauter dans les râteliers, il faut y adapter une planche, *d*, qui peut être remarquée en, *f*, figure, *B*; on la fixe par le moyen de deux pentures et d'un cadre, Elle paroit baissée en, *d*, 1, des deux figures, *B*, *C*; mais en, *d*, 2, figure, *C*, on voit cette soupape attachée à la muraille par le moyen du crochet, *e*. Il faut une chaîne et des crochets, *f*, pour élever le râtelier, et le fixer à la muraille.

La lettre, *g*, figure, *C*, est l'échelle de derriere, sur laquelle tourne le râtelier.

La figure, *D*, offre le profil du râtelier, qui consiste en deux autres, *a*, *b*, lesquels forment un angle droit au point, *h*, de l'échelle du milieu. L'échelle, *g*, sur laquelle tourne le râtelier doit être fixée à la muraille. Les autres échelles, *h*, *i*, se remarquent aux figures, *B*, *C*.

La lettre, *c*, figure, *D*, est un petit support, emboîté de dix pieds en dix pieds dans les montants des échelles, *g*, *i*, pour donner plus de solidité aux râteliers, *a*, *b*.

Comme le râtelier, *a*, figure, *D*, sert à rassembler la semence du foin, tombée dans la mangeoire, il faut que les barreaux en soient plus serrés que ceux du râtelier, *b*.

H

La figure, *E*, représente un de ces râteliers vu par le bas. L'on voit en, *a*, les lattes, placées à la distance d'un pouce ou d'un pouce et demi l'une de l'autre, afin que la graine puisse passer entre elles. Les lettres, *g*, *h*, désignent les montants de ces râteliers. On compte 4 pouces de distance entre les barreaux des râteliers, de maniere que les moutons peuvent prendre commodément leur nourriture sans risquer de s'engager la tête.

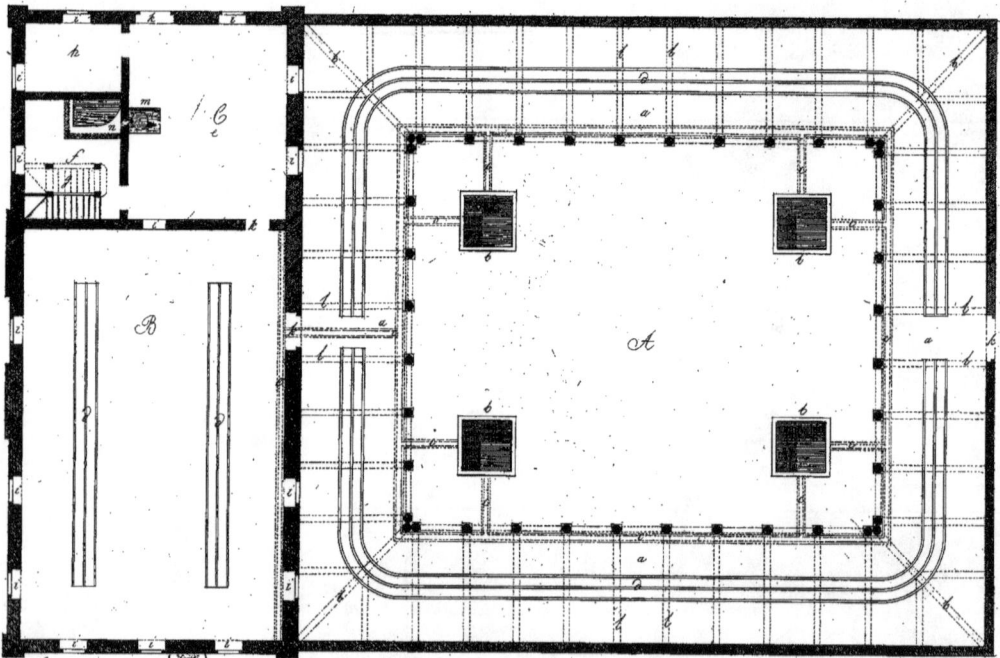

$\mathcal{F}ig.\ 1.$

$Tab.\ I.$

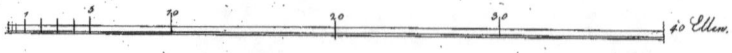

40 Ellen.

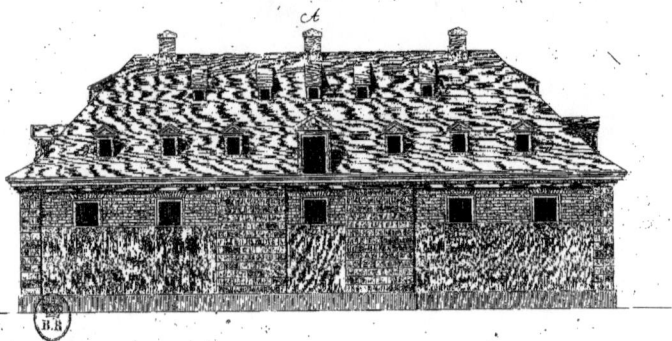

Fig. 2.

A.

20 Ell.

Fig. 3.

B.

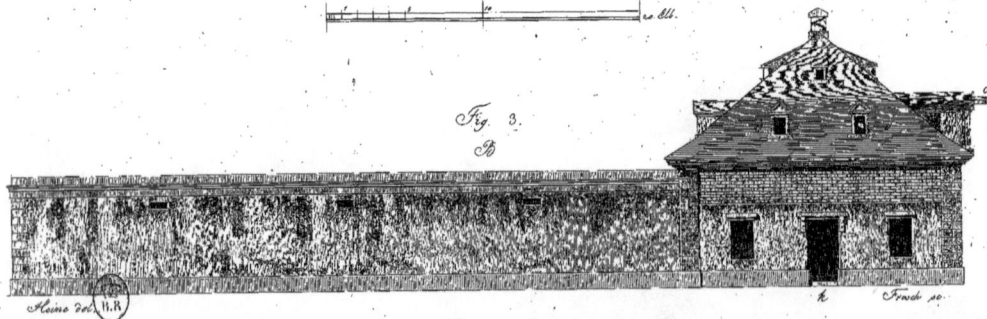

Fig. 4.
A

Fig. 5.
B

Heine del.   Frosch sc.

Ellen

Tab. III.

Fig. 6.
A

Fig. 7.
B

Tab. IV.

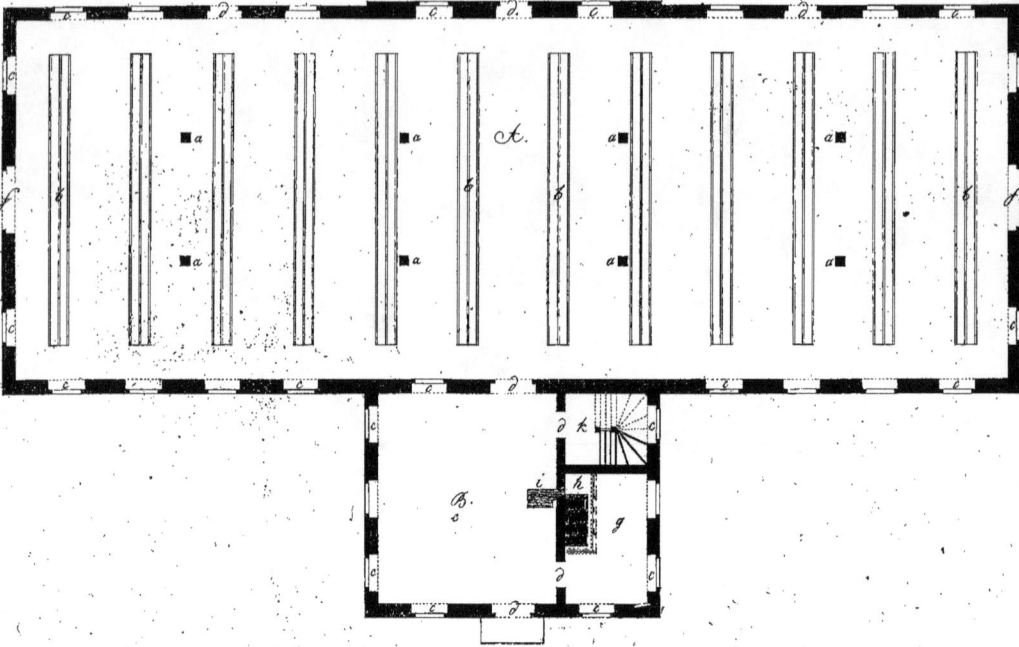

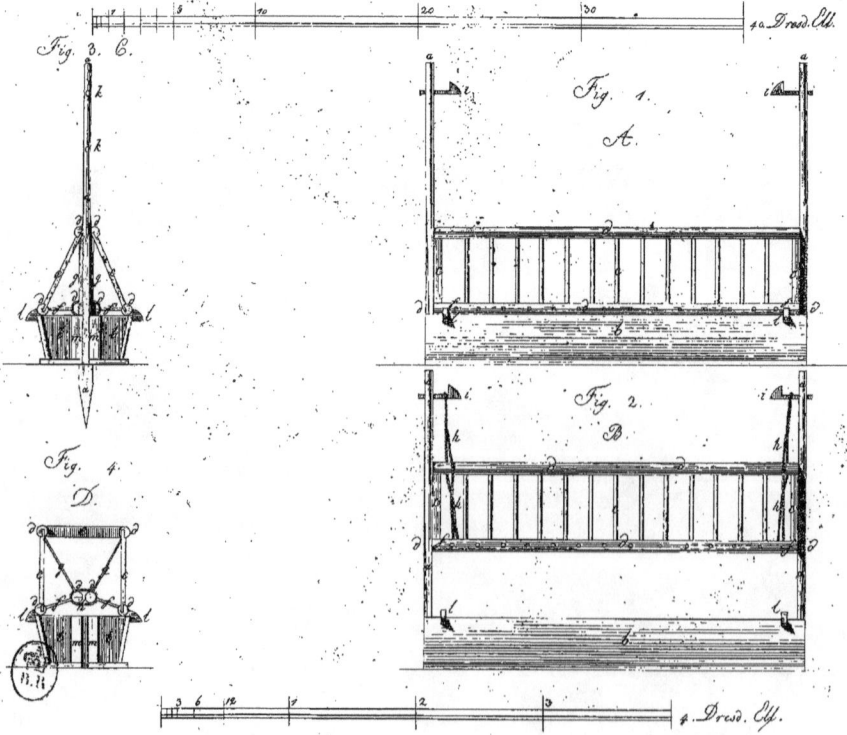

Fig. 1.

Tab. V.

Fig. 3. C.

Fig. 4. D.

Fig. 1. A.

Fig. 2. B.

Fig. 3.
B

Fig. 2.
A

Tab. VI

Fig. 5.
B.

Fig. 4.
A.

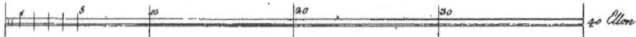

Tab. VII.

Fig. 7.
B

Fig. 6. *A.*

Tab. VIII

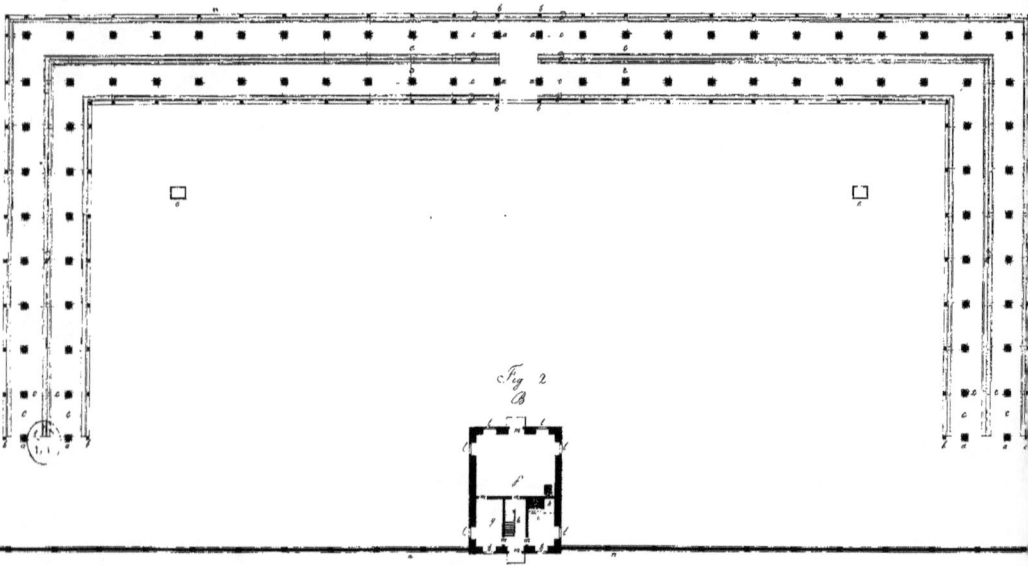

Fig. 1.
A.

Fig. 2
B

Tab. IX

Fig. 2.
A.

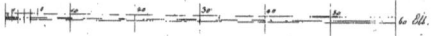

Fig. 3.
B.

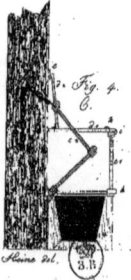

Fig. 4.
C.

Fig. 6.
C.

Fig. 5.
D.

3.B.

6 Ell.

ÉTABLE À COCHONS.

É T A B L E   À   C O C H O N S.

Quelque ignoble que soit le sujet, que je vais traiter, il mérite néanmoins une plus grande attention que celle qu'on y fait ordinairement. Il est d'usage de bâtir les étables à cochons, très-basses, ou de faire dans les écuries, les granges etc., de petites loges, propres à retirer ces animaux; rarement l'air y est frais, et la place s'y trouve presque toujours trop resserrée. Si l'on ne peut exiger beaucoup de soin dans une petite ferme de paysan, où le local se refuse à ce qui seroit essentiel de faire, il n'en est pas de même d'une grande métairie; on n'y doit rien négliger, et l'on ne manquera pas d'y donner aux porcs, des étables meilleures et plus saines. Il ne s'agit pour cela que de construire, dans la cour, un petit bâtiment, dont on assignera le rez de chaussée à ces animaux, en réservant la partie supérieure aux poules et aux pigeons. A cause de l'extrême malpropreté des porcs, nous conseillons de reléguer leur étable dans un coin de la cour, de maniere cependant, qu'elle ne puisse échapper à la vigilance du fermier ou régisseur, qui doit toujours être à portée de voir ce qui s'y passe.

Il faut dans chaque cour, différentes sortes d'étables à cochons, de maniere que ces animaux puissent être séparés suivant leur âge, leur sexe et leur destination. Il y aura donc une étable pour la truie, une autre pour les cochons mis en engrais, une troisieme pour les cochons de lait, et enfin une quatrieme pour le verrat. Celle de la truie aura des soupiraux, et sera plus chaude, que celle des cochons mis en engrais, qui sont plus en état de supporter le froid.

L'étable, *d*, des cochons mis en engrais, doit avoir 6 à 7 pieds de longueur sur 3 de largeur. Celle d'une truie, qui doit en tout temps être seule et séparée des autres cochons, aura au moins 7 à 7 pieds et demi de longueur sur cinq de largeur; il faut, non-seulement, que cet animal puisse se faire un lit propre, mais encore qu'il ait assez de place pour son fumier. Les autres cochons auront un espace convenable, quand celui-ci sera de 5 à 6 de longueur, suivant leur taille. En général, les étables à cochons ne doivent jamais être trop petites, afin que ces

I

animaux ayent la facilité de se mouvoir facilement, et de se retirer sur le derriere de leurs loges, lorsqu'ils veulent faire leurs ordures; de cette maniere ils en conservent le devant net, malgré leur extrême malpropreté.

Des étables trop basses seroient non-seulement nuisibles à la santé des porcs, mais elles les empêcheroient même d'engraisser, en les privant de la quantité d'air qu'il leur faut dans un lieu, où les exhalaisons sont très-fortes. Ces considérations engagent à donner 6 à 7 pieds de hauteur à ces étables. La facilité qu'elles procureront alors pour faire les répartitions intérieures, sera un avantage encore assez considérable.

Les étables à cochons seront, ou de maçonnerie, ou de charpente garnie intérieurement, ou de pieces de bois grossierement taillées. Dans les deux premiers cas, les murs seront revêtus de planches, pour les empêcher d'être ébranlés par le frottement continuel de l'animal. Comme des sablieres de bois demanderoient de fréquentes réparations, on leur en préférera de pierres de taille; par leur durée, celles-ci dédommageront bien des frais plus considérables qu'elles auront occa-sionnés. Les murs ne doivent pas être trop minces, si l'on ne veut pas que le froid pénetre faci-lement dans l'étable. Pendant les rigueurs de la saison, il faudra couvrir de paille, les places par où l'air pouroit s'y introduire.

Comme il n'y a rien de plus salubre pour les animaux que de renouveller l'air de leurs habi-tations, on aura soin d'établir des courants d'air dans les étables à cochons; pour cela il faut laisser des intervalles de 9 à 12 pouces entre les cloisons, et ne pas faire monter celles-ci jusqu'au plan-cher du toit: il sera en outre nécessaire de percer, à la porte de l'étable, ou au mur de devant, des trous qui pouront être fermés, quand les intempéries de l'air ou de la saison l'exigeront. Afin de livrer passage aux vapeurs méphytiques, il seroit bon d'adapter à ces trous des tuyaux de fer-blanc ou des soupiraux, auxquels on donneroit une forme oblique, qui empêcheroit l'eau de s'in-troduire dans l'étable.

Le plancher supérieur de l'étable à cochons sera de planches; dans le cas où il n'y en auroit point du tout, il faudroit garnir l'espace, entre les solives, de torchis que l'on enduiroit ensuite d'argile. Les étables à cochons construites en maçonnerie sont ordinairement voûtées. Le toit en est couvert de chaume ou de tuiles; le grenier qui se trouve dessous, doit renfermer le fourrage destiné aux porcs.

Il faut que l'étable à cochons, et sur-tout celle de ceux mis en engrais ait son plancher supérieur de 8 à 12 pouces d'epaisseur. Elle poura être pavée de pierres ou de briques dures, qui formeront une pente pour l'écoulement des urines; une petite rigole pratiquée pour recevoir ces urines, les portera promptement dehors. Si le plancher étoit construit de maniere, qu'il y eut un espace vide dessous, il seroit à propos de garnir le dessus de fortes planches. L'on pourroit laisser un intervalle entre elles, ou percer des trous de distance en distance, pour donner de l'écoulement aux urines, qui iroient se rendre dans l'espace vide de dessous. Mais comme les intervalles entre les planches, ainsi que les trous sont promptement obstrués par les ordures des animaux, le mieux sera de donner de la pente aux planches, depuis l'auge jusqu'au mur de derriere ; on laissera, entre lui et les dernieres planches, un vide d'environ deux pouces, pour servir d'écoulement, et l'on y balaiera les immondices.

Les auges des cochons seront placées sur le devant de leurs étables, de maniere qu'elles soient moitié en dehors et moitié en dedans. Elles doivent être garnies d'une trappe, qui se leve, quand on veut donner à manger à ces animaux. Quand il doit y avoir plusieurs cochons dans une étable, il faut faire des séparations dans l'auge, afin que l'un ne mange point la nourriture de l'autre, mais malheureusement cela n'est pas toujours praticable.

En général toutes les étables à cochons doivent être faites ou disposées de maniere, qu'on puisse s'approcher facilement de chaque place, et donner du dehors la nourriture à ces animaux, sans être obligé de lever la trappe. Lorsqu'il se trouve un grand nombre de porcs dans une métairie, il faut une chambre exprès pour préparer leur nourriture.

Planche I.

La figure *A*, offre le plan d'une étable à cochons, de moyenne grandeur. L'on va par la grande porte, *p*, au corps du bâtiment, qui renferme plusieurs de ces étables. Derriere les deux qui sont marquées de la lettre, *a*, on voit en, *b*, celle des cochons de lait, en, *c*, celle du verrat ; à peu de distance est l'étable, *d*, des cochons mis en engrais et celle, *e*, destinée aux malades. Il est facile d'apercevoir dans un coin la cuisine, *f*, à laquelle on parvient, par la porte, *q*; à côté de cette cuisine se trouve le foyer, *g*, la chaudiere, *h*, dans laquelle on fait cuire la nourriture des animaux. L'escalier, *i*, conduit à la cave. faite sous la cuisine, et où sont renfermés les pommes de terre et les autres objets, qui font partie de cette nourriture. Tout autour des étables, l'on a fait un passage, *k*, dans lequel se rendent les urines et immondices, pour passer ensuite dans la cour, à travers la muraille. L'air s'introduit dans les étables par les trous, tuyaux ou soupiraux, *n*, déstinés à le purifier.

Les portes, *n*, des étables, sont divisées en deux parties, l'une sur l'autre; l'inférieure fait elle seule les deux tiers du tout : la partie supérieure doit toujours rester ouverte pendant

l'été. Cette disposition procure aux cochons un air frais, une clarté suffisante, et les met néanmoins dans l'impossibilité de sortir de l'étable. Quand le froid oblige d'enfermer toutes les portes, il faut ouvrir quelquefois les tuyaux, *n*, qui ont 6 à 10 pouces d'élévation et autant de largeur ; mais si la rigueur de la saison y mettoit obstacle, on se contenteroit d'ouvrir de ces
tuyaux, le nombre nécessaire pour donner issue aux exhalaisons méphytiques. Devant l'auge, *o*,
est la trappe faite d'une planche et de pentures ; cette trappe a autant de trous, qu'il se trouve de
cochons dans l'étable et meme davantage. Ces ouvertures doivent être assez larges, pour donner
passage à la tête de l'animal. Les verroux des auges et des portes doivent avoir un crochet qui les
retienne, afin que les porcs en s'agitant dans leurs loges ne puissent point ouvrir les verroux
ni s'échapper. Les trappes sont fort avantageuses pour les auges des cochons, et surtout pour celle
d'une forme oblique ; elles donnent la facilité de les ouvrir en dedans. Quand la nourriture des
cochons se trouve dans leurs auges, ces animaux ouvrent eux-mêmes la trappe, et la servante n'a
d'autre soin alors que de pousser le verrou.

Tout le bâtiment reçoit son jour par les fenêtres, *r*.

La figure, *B*, représente l'élévation de l'étable à cochons ; il est facile d'y remarquer comment les fenêtres doivent être placés.

La figure, *C*, est le profil de la même étable ; l'on y voit les soupiraux, pratiqués au-
dessus de la muraille, les rigoles pour l'écoulement et la disposition des auges.

PLANCHE II.

La figure, *A*, offre le plan de plusieurs petites étables à cochons, qu'on peut construire sé-
parement ou réunir au nombre de deux ou trois, d'après la plus ou moins grande quantité d'animaux auxquels elles sont destinées.

Ces étables, disposées autour d'une cour, *a*, dans laquelle on entre par la porte, *n*, ont chacune leur destination particuliere. L'on voit en, *b*, les loges des porcs ordinaires, en, *c*,
celle des cochons de lait, en, *d*, celle de ceux mis en engrais et en, *e*, celles de deux
verrats ; près de ces dernieres s'en trouve une autre, *f*, pour les malades. Les immondices sont
portées dans les fosses, *g*, par les rigoles, *i*. L'on peut mettre le fumier près des fosses, *g*,
mais il cédera cette place au logement des canards, des oies et des poules, s'il est possible de
lui en trouver une dans l'avant-cour. Les lettres, *h*, montrent les auges, et les lettres, *k*, les portes, qui doivent être faites de la maniere qu'il a été dit à la planche précédente.

L'on peut remarquer à la figure, *B*, les soupiraux et les portes des étables à cochons, ainsi que les auges. Le profil, *C*, figure, 3, fait voir encore plus distinctement la disposition de ces auges et des rigoles. Sur le devant de la figure, *B*, l'on voit deux étables au milieu, et une de chaque côté. Elles sont baties de pierres et couverte de tuiles; cette méthode est préférable à toutes les autres.

PLANCHE III.

Afin de rendre plus sensibles, tous les arrangements et les dispositions nécessaires pour les étables d'un grand nombre de cochons, on peut consulter la figure, *A*, qui en donne un plan complet.

Le bâtiment forme un carré long; il a une cour, *a*, dans le milieu, et est entouré d'un mur qui ferme une autre cour, *b*. Quatre grandes entrées, *m*, conduisent dans cette cour, qui environne tout le bâtiment. Le passage, *f*, qui le traverse, conduit commodément à toutes les étables de l'intérieur; et celui, *e*, mene à toutes celles de l'extérieur. On voit tout autour de la cour, *a*, des étables désignées par les lettres, *c*; elles sont la plupart destinées aux cochons mis en engrais. Ceux, qui devront les habiter, seront laissés dans la cour, *a*, s'il est possible de faire des murs et des portes, ou seulement des grilles, à la place où l'on voit des lignes ponctuées. Les étables, *d*, tournées vers la cour extérieure, *b*, sont en grande partie pour les cochons mis en engrais; parmi ces étables, les petites doivent être pour les truies et les verrats. Au moyen des deux cours, on peut faire sortir les cochons, quand on le veut. Le passage, *e*, vers lequel sont tournées les auges, *i*, sert à leur distribuer leur nourriture, qu'on fait passer dans les auges, à l'aide d'un entonnoir. La lettre, *g*, désigne une chambre, dans laquelle se trouvent deux fosses revêtues de pierres, et qui doivent servir à mêler la nourriture des cochons. La lettre, *h*, désigne un escalier mobile, qui conduit au grenier, et les lettres, *k*, marquent les portes des étables. Il doit y avoir des fosses à fumier dans les cours, ainsi que des receptacles pour les urines et immondices, apportées par les rigoles ou canaux d'écoulement.

PLANCHE IV.

La figure, *A*, offre l'élévation, et la figure, *B*, le profil de ce bâtiment destiné aux étables. L'on voit en, *a*, les murs de clôture, en, *b*, les portes d'entrée dans la cour, en, *h*, les portes du passage, et en, *f*, celles des étables. La lettre, *g*, désigne les fenêtres; *d*, indique le passage entre les étables, *e*. Le foin et tous les fruits qui font partie de la nourriture des cochons, sont montés au grenier par l'ouverture, *k*; les lettres, *i*, marquent les fenêtres,

K

faites sur tous les côtés. L'on peut déposer au grenier du malt et d'autres grains, ou de la paille et du foin seulement.

Un bâtiment semblable à celui que nous venons de décrire, ne convient qu'à de grandes métairies, où l'on poura brasser et distiller. Veut-on réduire toutes ces dispositions, il n'y a qu'à faire bâtir seulement la moitié de ces étables, et commencer au passage, *f*, qui les divise en deux parties égales.

Tab. I.

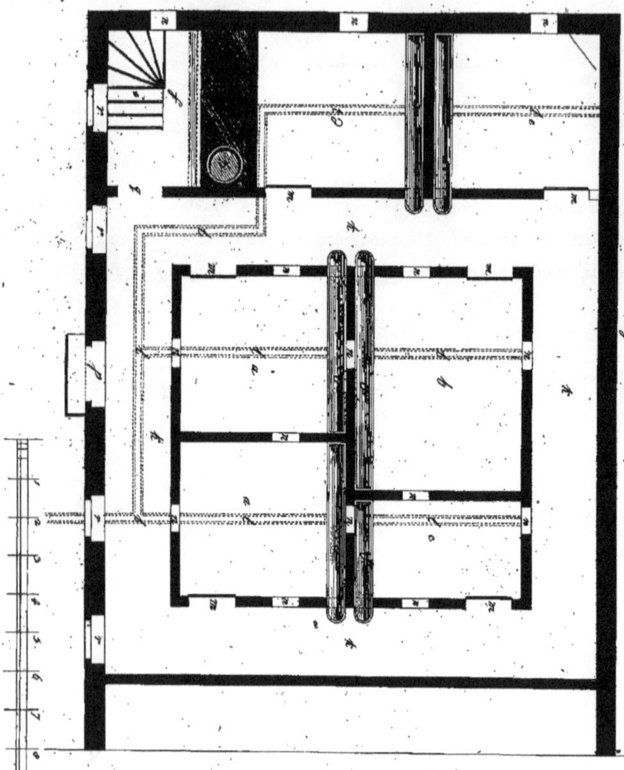

Fig. 1. A.

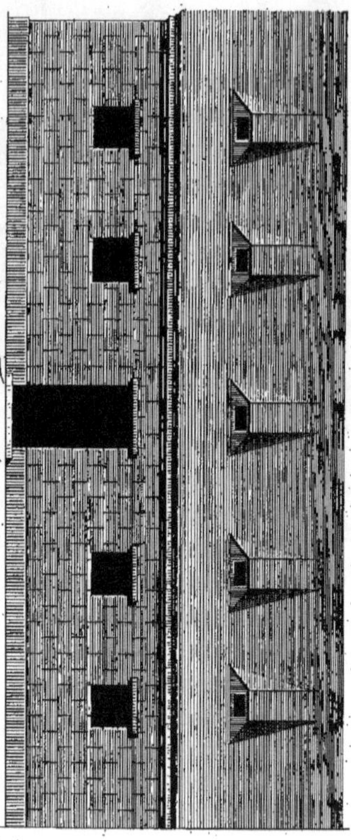

Fig. 2. B.

Fig. 3. C.

Haine del.   B.R.   Hüllmann sc.

Tab. II.

Fig. 2. B.

Fig. 3. C.

Fig. 1. A.

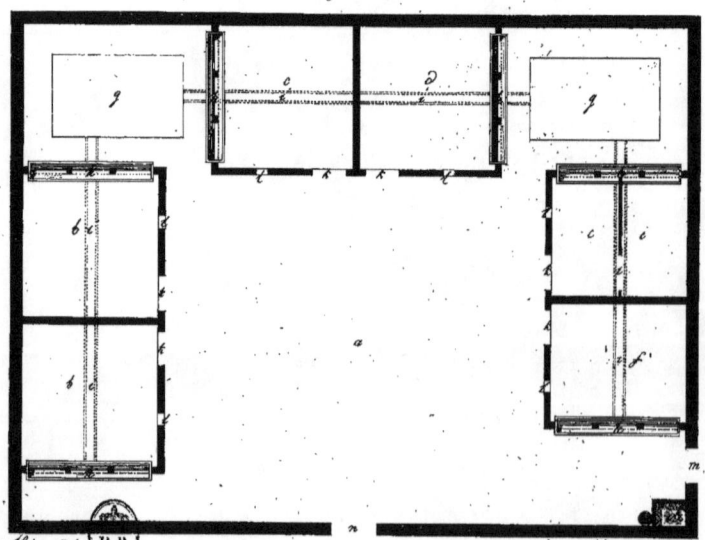

Heine del.　　B. R　　　　　　　Hüllmann sc.

16 Ell.

Fig. 1. A.

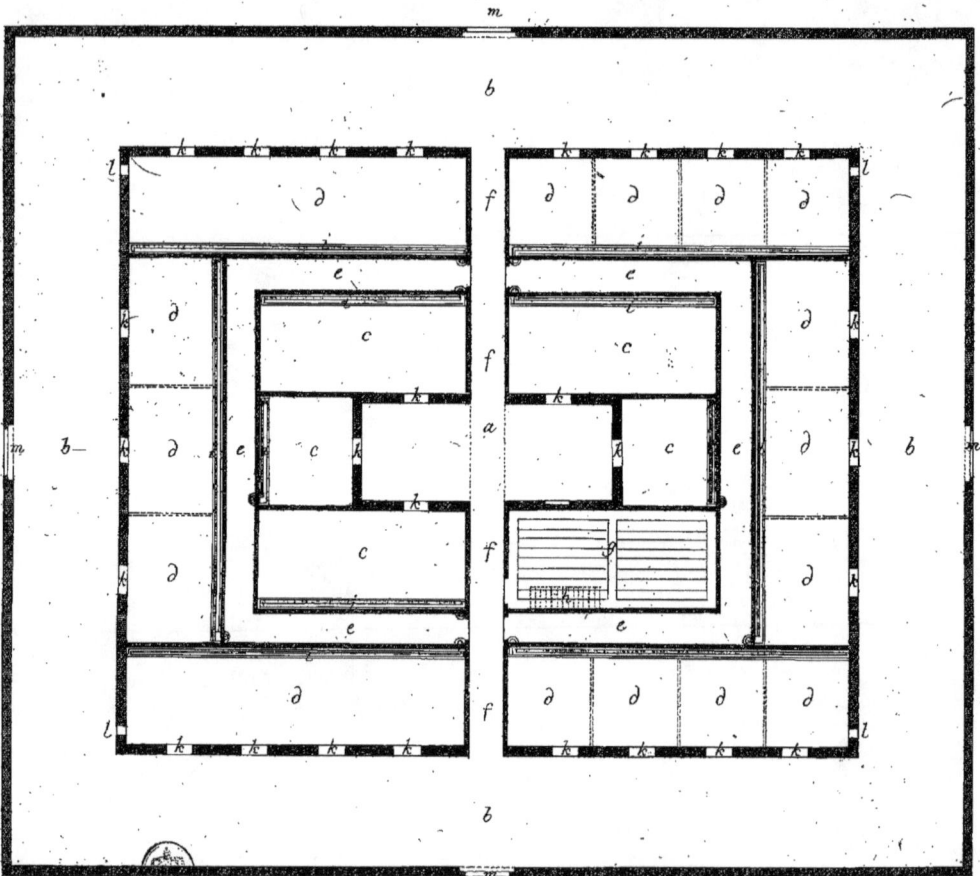

1   5   10   20   40 Ellen

Fig. 2 B.

Fig. 1 A.

Heine del.

Böttger sc.

40 Ell.

Tab. IV.

COLOMBIER, POULAILLER

ET

LOGEMENT

POUR LES CANARDS ET LES OIES.

COLOMBIER, POULAILLER

ET

LOGEMENT POUR LES CANARDS ET LES OIES.

Lorsque dans une cour de métairie, il n'y a point de place particuliere pour loger la volaille, il faut construire au milieu un bâtiment, propre à en contenir de plusieurs especes. Le reż de chaussée sera assigné aux canards et aux oies, le premier étage, aux dindons et aux poules, et le second étage aux pigeons ; quelquefois ceux-ci sont placés sous le toit de la maison. Si l'on ne veut point faire usage de bâtiment semblable à celui dont il est question, il faut alors tâcher de loger la volaille ça et là à l'abri du vent, de l'intempérie des saisons, et de tous ses ennemis.

Il sera suffisant de donner aux canards et aux oies, une place basse, pourvu qu'elle soit chaude et garantie du vent ; il faut que la surface en soit unie, et la capacité proportionnée au nombre d'individus qu'on veut y loger. On pourroit placer les canards et les oies dans des étables, et surtout dans celle des cochons. Pour s'épargner la peine, dans les endroits, où il y en a beaucoup, de les faire entrer le soir dans leur demeure, on bâtit celle-ci sur le bord de l'eau, où ces oiseaux aqualiques sont presque toujours. Il est nécessaire alors d'y faire faire deux especes de portes, les unes extérieures sont en planches, et les autres intérieures sont en lattes, et faites comme des trappes que l'on peut pousser du dehors. Les portes restent ouvertes toute la journée, afin que les canards ou les oies puissent entrer et sortir, quand ils veulent manger. Le soir quand ils rentrent dans leurs loges, les trappes, qu'on a eu la précaution de pousser, tombent d'elles-mêmes et les empêchent de ressortir. Ils doivent avoir aussi une porte du côté de la terre.

Les dindons et les poules pourront être logés dans le haut de l'étable à vaches ; cette place leur conviendra d'autant plus qu'ils ne se portent jamais mieux que dans un logement chaud. Pour leur en faciliter l'entrée, on y fera faire un escalier de maçonnerie. Le logement des poules

L

sera plus haut que celui des dindons, qui n'aura que deux pieds au-dessus du sol, et qu'on
poura toujours placer sous celui des poules. Celles-ci n'étant pas si grosses que les dindons,
leur escalier sera aussi moins large. Afin de donner aux uns et autres la facilité de se percher,
on place des bâtons en travers dans leur logement. Il est d'usage de jeter sur le sol, du sable ou
de la paille courte. On observera que les bâtons pour les poules ne doivent pas être si forts
que ceux des dindons. Les côtés de ces poulaillers seront garnis de corbeilles ou de paniers de
paille pour aider la ponte; ils pourront être remplacés par des étageres en planches, au-dessus
desquelles se trouveront des rayons pour les nids.

L'on fera faire un colombier dans la cour, ou bien sous le toit du bâtiment, ou sous celui
d'une étable; les boulins n'én seront point placés les uns sur les autres, afin que les pigeons ne
puissent jeter leurs petits, dans le boulin qui seroit sous eux. La prudence exige qu'on ne
loge jamais ces oiseaux ni dans une écurie, ni dans une étable, ni dans une bergerie.

Les colombiers, poulaillers et autres logements de la volaille doivent être garantis de l'entrée de tous ses ennemis, comme les chats, les fouines, les rats, les souris, en général tous les
animaux dangereux qui pouroient leur faire la guerre.

Lorsqu'on engraisse la volaille, il lui faut une place si resserrée, qu'elle ne puisse pas s'y re-
tourner; la planche sur laquelle l'animal se trouvera, sera avancée, afin qu'on y puisse mettre un
vase qui contiendra sa boisson; on lui laissera toute fois assez d'espace par derriere, afin que ses
ordures puissent tomber sur le plancher.

Quand quelqu'un voudra avoir beaucoup de volaille dans sa basse-cour, il fera construire des
poulaillers, des colombiers etc., analogues aux circonstances. L'on en prendra une idée dans les
planches suivantes.

Planche I.

La premiere figure offre le plan d'un bâtiment destiné à loger la volaille. L'on voit en,
A, la place des dindons, en, *B*, celle des oies, et en, *C*, celle des canards. *D*, est la cage de
l'escalier; *e*, désigne l'escalier, qui conduit au poulailler au-dessus du rez de chaussée. L'on
arrive à l'escalier par la porte, *f*, et à une chambre sous l'escalier, par une autre porte, *g*. Les
portes, *h*, conduisent aux autres pieces du bâtiment.

La figure, *B*, représente le logement supérieur au précédent; il consiste en deux poulaillers,
auxquels on arrive par la porte, *h*. Ceux-ci reçoivent leur jour par les fenêtres, *i*, fermées par
une grille de fil d'archal. Trois de ces fenêtres servant d'entrée aux poules, ont au-dessous d'elles des échelles qu'on peut voir en, *m*.

La figure, *C*, offre l'élévation de ce bâtiment. Sous le toit, *a*, est un colombier, dont les
sorties sont marquées de la lettre, *o*. Les lettres, *h*, désignent les portes du rez de chaussée, où
logent les oies; les lettres, *i*, montrent les fenêtres du poulailler; deux d'entre elles sont pourvues

d'échelles qu'il est facile voir en, *m.* L'on aperçoit par le côté, la cage de l'escalier, marquée de la lettre, *D.*

L'on monte du poulailler, *a,* au colombier, 'par un escalier, *l,* figure, *B,* au-dessns duquel on a pratiqué une trappe dans le plancher. Les boulins, dans lesquels les pigeons doivent déposer leurs oeufs, seront de paille tressée; après les avoir enduits d'argile, on les suspendra du côté du toit.

Près de la porte, *p,* du logement des canards, il y aura une trappe qui tombera d'elle-même, afin que les canards une fois entrés ne puissent plus ressortir.

La figure, *D,* offre la cage d'escalier, *d,* la porte, *g,* qui conduit à la place qui se trouve sous l'escalier. L'on voit le colombier, *a,* avec son ouverture, *o,* qui lui sert d'entrée. La petite fenêtre, *n,* sert à éclairer la place près de l'escalier, et une toute semblable, percée au côté opposé doit être celle, par laquelle le poulailler, *B,* figure *a,* recevra son jour.

La figure, *5,* est le plan de quelques poulaillers dont les uns sont ouverts et les autres fermés. Les trois premiers, *A, B, C,* sont ouverts et ornés de colonnes ou supports, *a,* dont les intervalles se trouvent garnis d'un treillage de bois. Dès l'entrée l'on voit les auges, *c,* et les vases, *d,* qui contiennent l'eau que doivent boire les poules. L'on passe des poulaillers ouverts à ceux qui sont fermés, *D, E, F,* par les portes, *e.*

La quatrieme planche, figure, *5,* offre l'élévation de tout le bâtiment, vu de côté; l'on y aperçoit les poulaillers ouverts à la lettre, *A,* et les fermés à la lettre, *D.* Il est facile de remarquer les treillages qui se trouvent entre les colonnes des poulaillers ouverts.

Planches II. III.

La premiere figure planche II. offre le plan d'un bâtiment, destiné à y faire des poulardes.

L'on entre par la cochere, *x,* dans la grande cour, *a,* autour de laquelle sont construits plusieurs bâtiments; cette cour est fermée sur le devant par une grille de bois, *y.* En face de l'entrée se présente une maison, qui rassemble tout ce qui est nécessaire pour soigner et engraisser la volaille. Elle est composée d'un vestibule, *b,* d'une chambre, *f,* pour les servantes de basse-cour, d'une chambre à coucher, *g,* d'une autre chambre, *e,* pour les poulardes; l'on y en voit encore une autre, *d,* qui doit contenir tout ce qui constitue la nourriture de la volaille et enfin la cuisine, *e.* La lettre, *i,* désigne le foyer, et la lettre, *k,* la chaudiere. L'escalier, *h,* conduit à la chambre des provisions ci-dessus. Les portes sont désignées par la lettre, *l,* et les fenêtres par la lettre, *m.*

Sur les côtés de cette maison, on aperçoit à gauche le logement, *n,* des canards, et à droite celui, *o,* des oies; l'on entre dans ces deux logements par les portes, *p.* Les lettres, *q,* désignent les trous qui ont été faits pour procurer de l'air. A peu de distance du logement des canards, se trouve celui, *r*, des dindons et le poulailler, *s*, au dessus desquels est le colombier; l'on monte dans celui-ci par l'escalier, *z*; la lettre, *t*, indique les portes, et la lettre, *u*, les trous qui servent à renouveller l'air. Vis-à-vis de ce dernier bâtiment l'on a construit une étable à vaches, *v*. Au milieu de la cour on remarque un grand reservoir, *w*.

La façade du bâtiment des poulardes, est représentée par la premiere figure de la troisieme planche. *A*, désigne la maison où l'on fait les poulardes, *B*, le poulailler, *C*, l'étable à vaches. Une partie des logements des canards et des oies se trouve indiquée par les lettres *D*, et *E*. De chaque côté de la porte, *a*, se trouvent trois fenêtres, *b*; *c* en est une du toit, laquelle sert à monter le fourrage au grenier, par le moyen d'une grue; *d* et *e*, sont d'autres fenêtres plus petites, qui servent à éclairer le grenier. L'on voit en, *g*, les portes des logements des canards et des oies, en, *h*, les trous pour donner du jour, et en, *i*, les ouvertures, par lesquelles les pigeons peuvent entrer dans leur colombier, et en sortir.

Nous revenons à la seconde planche pour examiner la figure, *B*, c'est-à-dire un poulailler propre à engraiser la volaille, et employé par Monsieur d'Eckhart. Construit comme une étagere, il est composé de quatre rayons, *a*, qui forment chacun une division. Devant ces rayons, partagés chacun en cinq parties, on a placé des clavettes mobiles; celles-ci sont garnies par le haut, d'un bouton, que l'on passe dans le trou, *b*, afin de pouvoir enfermer la volaille, et en prendre plus commodément une piece au besoin. Chacune de ces clavettes est percée par le bas, afin de pouvoir être fixée par une cheville de fer, et empêcher de cette maniere, la volaille de sortir.

L'on voit encore, planche III. un poêle, propre à cuire les pommes de terres; au lieu de les mettre dans l'eau, on se sert d'un bain de vapeurs. Cette découverte qui nous vient des Anglois est perfectionnée dans le présent ouvrage.

La figure, 1, représente le plan de la figure, 2. *F*, 3, 1, 4, offrent un cube de maçonnerie de 3 pieds quarrés; on y voit la place, *k*, pour faire du feu, le tuyau, *a*, pour le passer, le foyer, *b*, et la grille, *c*, à travers laquelle passent les cendres. Au-dessus s'éleve la cheminée qu'il est facile de remarquer dans l'élévation, figure, 2. Il n'est pas moins aisé d'y apercevoir la place, *a*, où l'on fait le feu, et le trou, *d*, pour les cendres. La lettre, *e*, désigne les deux issues, qu'on livre au feu et à la fumée, dans la cheminée, parce qu'ils montent tout autour de la chaudiere. L'on a adapté à ces ouvertures, des soupapes, au moyen desquelles on peut diminuer, augmenter ou supprimer tout à fait la chaleur. Comme il est possible de faire du feu sous la chaudiere, à quatre points différents, quatre soupapes sont alors nécessaires. Par leur moyen on ferme le tuyau de la cheminée, lorsque le danger du feu demande cette précaution.

Les ouvertures, désignées par la lettre, *f*, servent non-seulement à nettoyer les tuyaux par lesquels s'échappe la fumée, mais encore à introduire le ramoneur dans la cheminée. Si elles étoient trop petites pour cet usage, on pourroit les faire plus grandes. La prudence exige qu'elles soient fermées par une porte de tôle ou de fer-blanc, ainsi que la place où se fait le feu et le trou qui reçoit les cendres. La figure, 3, est le second plan; on y voit la chaudiere, *g*, sous laquelle est le feu, les tuyaux, *h*, qui conduisent la fumée dans la cheminée, *k*, aux points, *i*, lorsque le feu a monté tout autour de la chaudiere, et l'a échauffée. La figure, 4, représente l'élévation du poêle. La lettre, *l*, désigne un tonneau placé sur la chaudiere; on y jette des pommes de terre. Quand il se trouve trop de vapeurs dans le tonneau, on leur livre une issue par le robinet, *m*.

L'on voit le profil du foyer entre, *l* et *n*, figure 3, et la figure 5, le représente encore. Il est aisé de remarquer dans celle-ci, le foyer, *b*, la grille, *c*, le trou, *d*, pour la cendre, la chaudiere, *g*, et le tuyau, *h*, pour l'issue de la fumée.

L'on a représenté, figure 6 et 7 le bain de vapeurs, à l'aide duquel les pommes de terre doivent cuire suivant la méthode de Starres. La lettre, *A*, désigne le gril, sur lequel est placé le vase, où les pommes de terre doivent être préparées; *C*, est la chaudiere, *B*, le trou pour les cendres, et *D*, désigne les tuyaux de vapeurs.

P L A N C H E IV.

La figure, *A*, offre le plan d'un colombier dégagé de tous côtés. L'on y voit la porte d'entrée, *a*, à laquelle il n'est pas possible de parvenir sans échelle. A chaque côté d'un espace vide, *b*, en sont six autres oblongs, de 18 pouces quarrés, et dans lesquels les pigeons font leurs nids. Ils y entrent par les trous, *d*; devant ceux-ci se trouvent de petites planches sur lesquelles les pigeons se placent, quand ils veulent entrer dans le colombier, ou en sortir. L'on s'approche des nids par les ouvertures, *f*, pourvues d'une soupape, qui donne la facilité de fermer en même temps, tous les trous d'une même ligne, et de prendre autant de pigeons qu'on veut.

La figure, *B*, représente l'élévation du colombier ci-dessus, vu de côté, et la figure, *C*, en offre la façade. L'on voit dans la première figure, les trous qui servent d'entrée et de sortie aux pigeons, ainsi que la petite planche, *e*. Pour fermer ces trous, il faut employer une trappe de planche, *g*; cette planche a des trous, qui se placent exactement sur les premiers, comme il est facile de le remarquer en, *d*. Par le moyen d'une tringle la trappe entre dans des rainures, *i*; en la poussant on ferme tous les trous, *d*. L'on peut, si l'on juge à propos, ne point fermer la petite ouverture de la trappe, afin d'introduire un peu de jour dans les nids. La trappe de l'intérieur, que l'on emploie devant les trous, *f*, est aussi faite comme celle qui vient d'être décrite. La figure, 3, qui offre le colombier vu de côté, présente la porte, *a*, et les trous, *d*, par où entrent et sortent les pigeons.

M

La figure, 4, représente le profil du bâtiment.

Il repose sur deux colonnes qui, ainsi que les supports, sont rondes ou carrées par le bas; on les a garnies de fer-blanc, afin que les chats, les fouines etc., n'y puissent pas grimper.

Tab. I.

Fig. 3. C.

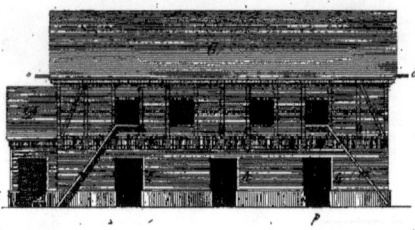

Fig. 4. D.

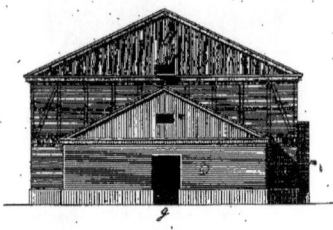

Fig. 1. A.

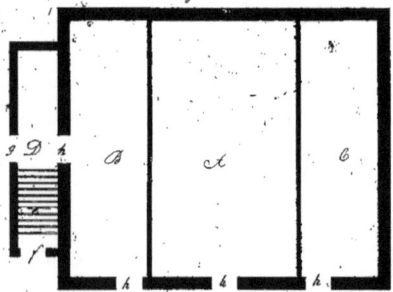

Fig. 2. B.

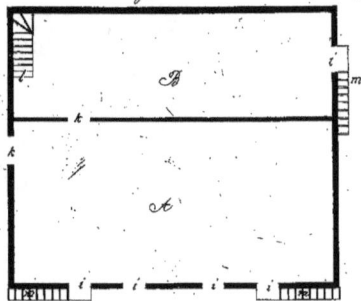

Fig. 5. E.

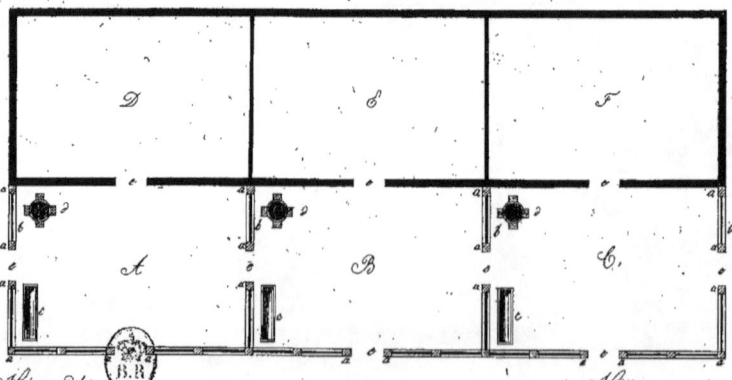

Heine del.

Hüttmann sculps.

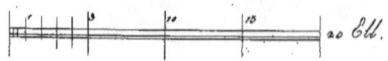

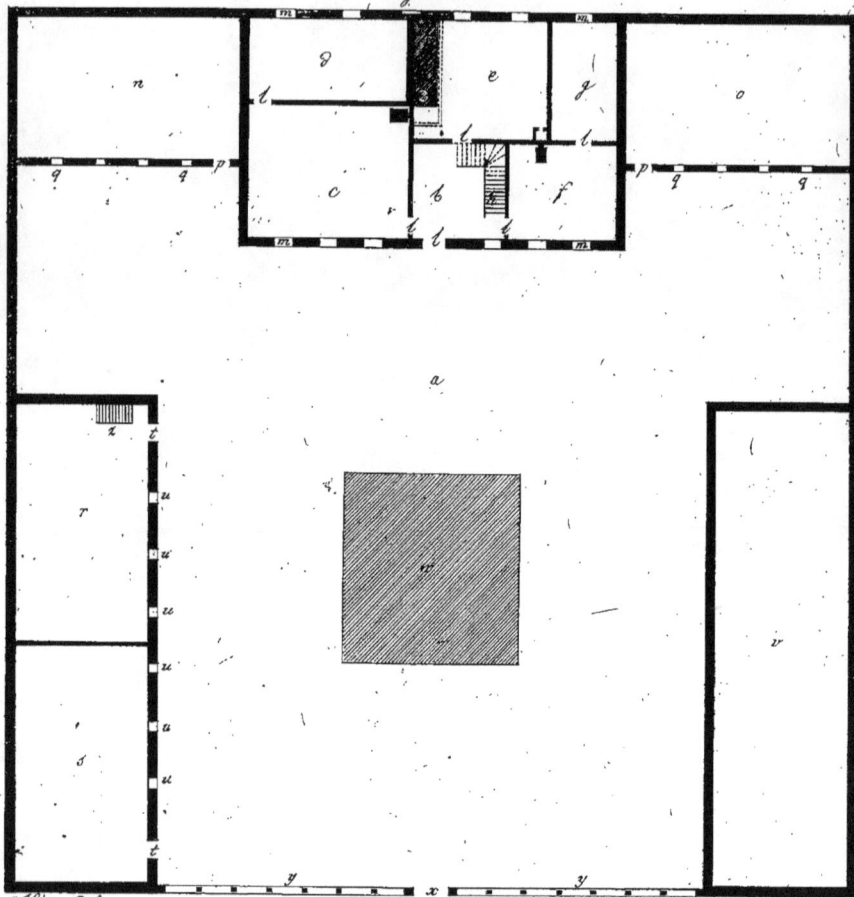

Fig. 1. A.

Tab. II.

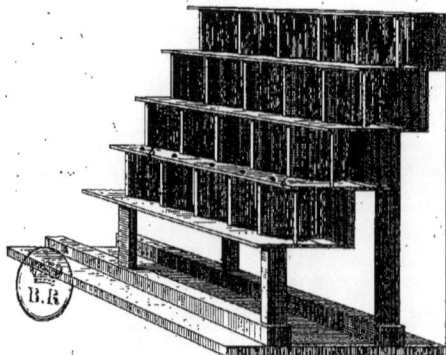

Fig. 2. B.

Tab. III.

Fig. 1. A.

Fig. 7. G.

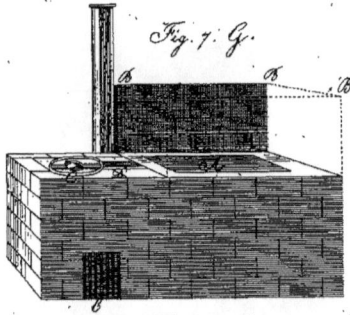

Fig. 4. D.

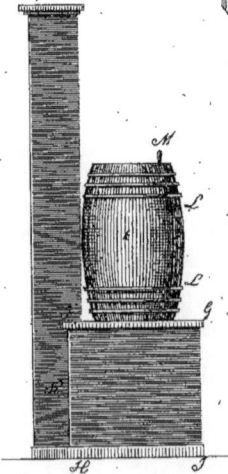

Fig. 6. F.

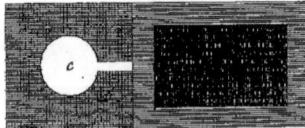

Fig. 5. E.

Fig. 2. B.

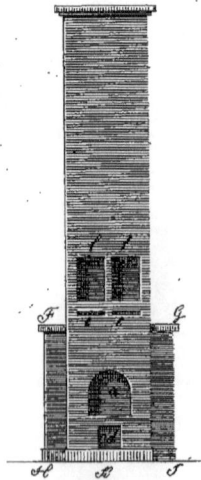

Fig. 3. C.

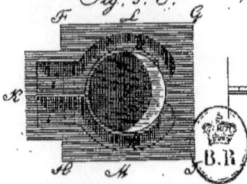

Fig. 1. A.

Heine del.

Hüllmann sculps.

Tab. IV.

Fig. 5. E.

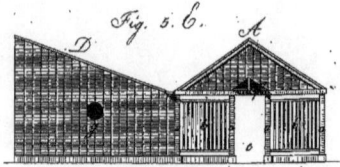

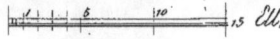

Fig. 3. C.

Fig. 2. B.

Fig. 4. D.

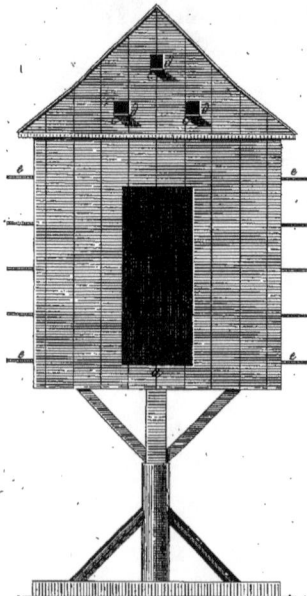

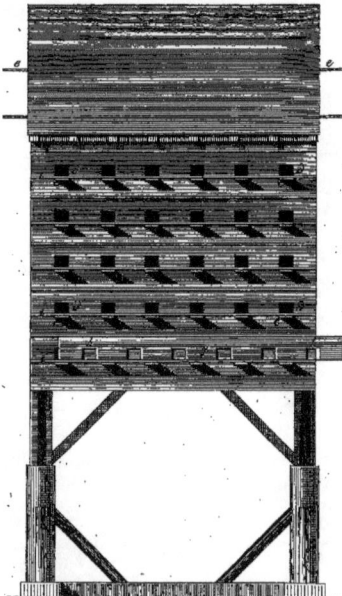

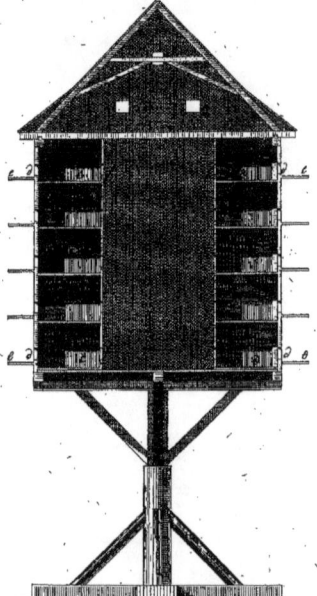

Fig. 1. A.

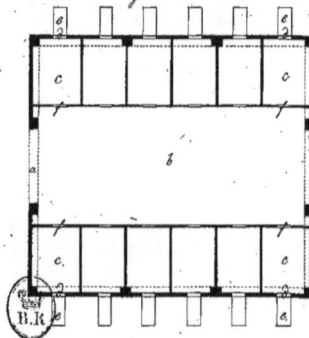

RUCHER.

R U C H E R.

Lorsque l'on veut avoir un rucher, il faut se guider sur les circonstances; on peut en faire construire à très-bon marché en n'employant que des poteaux. Pour cet effet, il est nécessaire de clouer sur leurs côtés des planches, qui doivent être surmontées d'un toit de tuiles ou de bardeaux. Si le nombre de ruches que doit contenir le rucher n'est pas fort considérable, on ne le fait que de trois étages ; le premier qui n'aura que six pouces d'élévation au-déssus de la terre, sera destiné, ainsi que le troisieme, aux ruches, qui doivent être placées horizontalement, et le second étage sera pour celles qui devront avoir une position droite. Rien n'empêche que ces dernieres ayent deux étages comme les autres, et que ceux-ci ne soient élevés de trois pieds. Je ne saurois que déconseiller les ruchers de quatre à cinq étages, à cause de la difficulté de pouvoir bien soigner les derniers, par rapport à leur hauteur.

Pour garantir les ruches de vol, on peut adapter au rucher, des volets qui enferment exactement chaque étage ou rayon. Ces volets doivent être si bien ajustés, que les abeilles ne puissent sortir pour prendre leur essor, que quand il y en aura un d'ouvert. Pendant la mauvaise saison, ils seront soigneusement fermés. Il n'est pas mal à propos, d'employer des serrures et des verroux, pour prévenir l'enlevement des ruches.

La prudence veut qu'on ne place point de rucher dans une cour ou endroit, dont l'entrée ne soit pas interdite aux bestiaux. L'espace qui se trouvera devant le rucher, sera de la plus grande propreté; on n'y doit laisser croître aucunes herbes, où les grenouilles et les crapauds puissent se cacher. Les arbres élevés ne seront pas soufferts dans le voisinage des abeilles, parce qu'ils leur dérobent le soleil, et les empêchent de prendre aussi librement leur essor.

Quant à l'exposition des ruchers, on s'accorde à croire que celle au nord est la meilleure, 1) parceque le soleil, en hiver, n'y pouvant engager les abeilles à sortir de leurs ruches, ces insectes dorment la plus grande partie de cette saison; 2) parcequ'elles n'y ont pas tant à souffrir au printemps, des variations de la température, qui en font périr ordinairement beaucoup. Quoi que nous ayons dit de l'exposition au nord, on peut, sans danger, donner aux ruchers,

N

telle direction qu'il plaira, vers tous les points de l'horizon; quelle que soit la place dont on ait fait choix, il faudra chercher à couvrir le rucher, autant qu'il sera possible, par un bâtiment, placé sur le derriere pour cet effet.

Autant le voisinage des ruisseaux, des fossés couverts de joncs, des marres d'eau provenues de fumier et de lieux d'aisance, convient aux abeilles, autant celui des grandes eaux et des étangs leur est préjudiciable; elles y courent toujours le danger d'être précipitées dans l'eau par le vent. Il faut encore observer de ne point placer les abeilles, trop près d'un grand chemin, d'une grange, ou autre lieu bruyant; si ces insectes étoient réveillés pendant l'hiver, ils voudroient aussitôt aller chercher de la nourriture.

Ce que l'on appele proprement la demeure des abeilles, consiste dans des ruches ou des caisses, qui sont placées debout ou horizontalement, dans une espece de bâtiment, destiné à les recevoir. Elles ont différents noms suivant leur position et la maniere dont elles servent. Il s'en trouve qui ont les formes suivantes. 1) Les unes sont des caisses carrées, qui doivent être placées debout. Le menuisier les fait ordinairement de 6 pouces de hauteur sur 10 de largeur; les planches dont elles sont, ont un pouce d'épaisseur. Ces caisses sont, ou tout à fait carrées, ou oblongues. L'ouverture supérieure de chacune d'elles est pourvue de barreaux de bois, qui ont depuis un huitieme, jusqu'à trois quarts de pouce d'épaisseur. On sera le maître, de faire adapter par derriere, un carreau de verre, mais il faudra avoir soin de le recouvrir d'une planche, pour empêcher les mouches à miel de le salir. L'ouverture, destinée à la sortie des abeilles, se trouve au bas de la ruche; elle a un pouce de hauteur sur 3 ou 4 de largeur. Au moyen d'une plaque de fer-blanc percée, et qu'on peut faire glisser dans une coulisse, il est facile de diminuer cette ouverture en hiver, autant que la sûreté l'exige, et d'empêcher les souris de pénétrer dans la ruche. Quand une nouvelle caisse doit être placée sous cette ruche, on en ferme l'ouverture avec un mélange de terre et d'argile. Rien de plus facile que de réunir deux caisses, en attachant à chaque coin un morceau de bois, un peu saillant ou des cloux de fer, et en rapprochant ensuite les deux caisses avec une forte ficelle ou du fil d'archal.

2) D'autres ruches sont de pailles, et doivent être placées droites. Ce sont des especes de paniers, qui ont 6 pouces de hauteur sur six de largeur. Les ruches qui se posent les unes sur les autres, et se séparent ensuite, doivent être de la même largeur et proprement travaillées. Sur chaque panier se trouve une croix de bois, nommée couronne; elle a un pouce et un quart de large, et est entaillée aux quatre côtés. Sans cela on fait ficher, dans le premier rouleau, 4 jusqu'à 6 traverses de bois d'un pouce ou de trois quarts de pouce d'épaisseur; avant cette opération, il faut amincir les pieces de bois à leurs extrémités. Ces croix ou traverses se trouvent au milieu de deux ruches, qui font un logement complet pour les abeilles. L'on attache ces deux ruches ensemble avec des branches d'osier, de la ficelle, ou ce qui vaut mieux encore avec des crampons de fil d'archal très-fort. Chaque ruche ou panier doit avoir une entrée de 3 pouces de largeur sur un pouce et demi de hauteur, et de plus être pourvue d'une plaque de fer-blanc, attachée avec des cloux, ou fortement fixée avec de l'argile.

3. Il est encore d'autres ruches de paille, mais qui doivent être placées horizontalement. Celles dont nous venons de faire la description pourroient être placées, de la même maniere, et être propres au même usage; il ne s'agit pour cela que de prendre trois, quatre ou cinq couronnes, de les lier ensemble avec du fil d'archal très-fort; il faut les couvrir d'un toit, et mettre dessous une échelle qui leur servira de base, et leur donnera plus de solidité. Outre les différentes especes de ruches, dont il vient d'être question, il s'en trouve encore d'autres, ouvertes par le bas, et qui peuvent se placer horizontalement.

Il faut remarquer que les ruches placées droites, sont meilleures que les caisses, auxquelles on donne la même position.

Dans quelques endroits, au lieu de ruches, on se sert de souches de bois, taillés d'une maniere convenable à cet usage. Comme cette méthode est fort dispendieuse en bois, on poura préférer aux souches, des planches de deux pouces d'épaisseur. L'on fait aussi des ruches de paille, échancrées par-devant, et munies d'une planche qui avance. Elles ont un couvercle de paille, et quelquefois elles ont posées sur des planches.

Il faut avoir soin de ne point mettre les ruches trop près les unes des autres, et de laisser entre elles une distance de 5 à 6 pouces. Cette précaution préviendra les méprises des Reines, qui pouroient se tromper de ruches. Il arrive encore de cette disposition, que les abeilles ne se confondent point si facilement, lorsqu'elles rentrent en été, et que cet ordre leur évite souvent des larcins, des inimitiés et même la mort.

PLANCHE I.

La premiere figure est le plan d'un rucher, qui peut être employé chez un grand seigneur, ainsi que chez un simple particulier. Pour le grand seigneur, tout le rucher représenté ici, ne sera pas trop grand; pour le simple particulier, l'on ne fera usage que d'une de ses ailes, ou des deux réunies.

La partie, *a*, du milieu du rucher est entre deux ailes, *b*; l'on y parvient par les portes, *c*. Il est facile de voir sur le devant, les places, *d*, que doivent occuper les caisses, paniers ou ruches.

La seconde figure représente l'élévation du rucher. L'on voit, dans la partie du milieu, les piliers, *a*, qui servent d'embellissement au bâtiment; au-dessus se trouve une corniche, dont la frise est très-élégamment ornée de consoles, et ensuite vient le toit. La lettre, *k*, désigne un volet, fermé pour garantir les abeilles de la trop grande ardeur du soleil; *b*, en désigne un autre à demi-ouvert. L'on peut se passer de ces volets en fermant la partie supérieure avec des planches, et en ajustant au trou, qui sert d'entrée aux abeilles, un autre volet en travers; celui-ci aura par le bas un trou de 4 à 5 pouces: d'après ces précautions, les abeilles peuvent sortir en tout temps, sans être incommodées de l'ardeur du soleil.

Dans les ailes on voit les piliers, *b*, les ruches, *h*, placées horizontalement, et les ruches, *i*, qui sont droites.

La troisieme figure, présente le rucher, vu de côté; la lettre, *a*, désigne la partie du milieu, *b*, une des ailes, et *c*, la porte d'entrée de cette derniere.

La figure, 4, offre le profil de la partie du milieu; la lettre, *d*, désigne les poutrelles. Sur celle du premier étage, on voit des ruches debout en, *e*; sur celle de second sont des ruches horizontales, *f*, et sur celle du troisieme se trouvent encore des ruches debout, désignées par la lettre, *g*. Il y a derriere, des tablettes pour les ruches ou caisses vides.

La cinquieme figure de cette planche représente trois especes d'abeilles. Au milieu est la reine ou la mere, à gauche la grosse abeille qu'on appele le bourdon ou le mâle et à droite la petite mouche à miel ou l'abeille ouvriere.

Planche II.

La premiere figure offre une ruche ou caisse debout, de la forme d'un carré long. La lettre, *a*, désigne l'ouverture par laquelle sortent les mouches à miel, et, *b*, les quatre bâtons ou traverses.

La seconde figure représente deux ruches ou caisses semblables, jointes ensemble, et n'en faisant qu'une au moyen de chevilles de fer ou de bois, fixées par du fil d'archal.

La partie supérieure est surmontée d'un couvercle, *d*, représenté par la figure, 3, lequel se trouve pourvu de deux bandes de bois, qui le retiennent. Au milieu de ce couvercle est une ouverture carrée, *d*, qui se ferme de temps en temps avec une plaque de fer-blanc, percée de plusieurs trous pour le passage de l'air; au lieu de plaque on se sert quelquefois d'un bouton semblable à celui de la figure, 4. Il faut non-seulement bien ajuster ce couvercle, mais encore le fixer d'une maniere solide, avec des crampons ou du fil d'archal. Chaque caisse ou ruche, doit avoir une barre ou une planche en avant, afin que les abeilles puissent s'y poser, lorsqu'elles veulent sortir, ou rentrer dans la ruche.

La figure, 8, représente une ruche debout, et la figure, 9, en offre deux semblables l'une sur l'autre, dans lesquelles la lettre, *g*, désigne les ouvertures par lesquelles sortent les abeilles. La figure, 5, fait voir la maniere, dont les traverses de bois, *e*, ont été fixées. Ces ruches sont surmontées du couvercle, *f*, figure 6, dont l'ouverture, *f*, se ferme avec le bouton de bois, *g*, figure 7.

Il est facile de remarquer par la figure, 10, comment la plaque mise devant l'ouverture des ruches est fixée avec de l'argile ou avec des chevilles de bois. Cette plaque est divisée en deux parties. Dans l'inférieure, on a pratiqué une ouverture. La lettre, *h*, désigne deux bandes de fer-blanc, dans lesquelles cette partie peut glisser et jouer comme une trappe. La moitié supérieure de cette trappe est percée de plusieurs trous pour donner de l'air aux abeilles. Une bande de fer-blanc, *m*, fixe cette pièce.

Afin d'empêcher les abeilles d'abandonner leurs ruches, lorsqu'elles essaiment, il faut y attacher, aux deux extrêmités, un sac semblable à celui de la figure, 11, lequel doit être fait de la maniere suivante. La partie inférieure depuis, *b*, jusqu'à, *d*, sera de gaze, et la supérieure de toile ordinaire depuis, *b*, jusqu'à, *a*. *b* et *c*, sont deux cercles cousus, qui empêchent le sac de s'applatir; *d*, désigne une planche ronde, clouée à la partie inférieure du sac, et qui a un dia-metre égal au sien. Les lettres, *e*, et, *a*, désignent l'ouverture du sac, qui peut se fermer à l'aide de quatre cordons. Chaque cercle est pourvu de 4 anneaux, *g*, qui servent à l'attacher, avec de la ficelle, *h*, à des bâtons, *f*, avant ou après avoir pris un essaim. L'ouverture du sac, est placée contre la ruche, dont les abeilles essaiment, tandisque la partie inférieure, en ligne di-recte avec la ruche, repose sur un banc à proximité; cette position est nécessaire, afin que les abeil-les puissent aller et venir librement. Les quatre bâtons servent à la maintenir. Lorsque l'es-saim est entré dans le sac, on le retire de devant la ruche, et on le ferme promptement afin qu'au-cune abeille n'en sorte. L'essaim prisonnier, est ensuite placé, un peu plus loin, à l'ombre et sur le côté; il y reste jusqu'à ce que les abeilles soient tranquilles. Après avoir ouvert le sac de nouveau, on l'attache bien vîte à l'ouverture d'une ruche vide, qu'on lui assigne pour demeure, l'essaim ne manque pas d'y passer, et dès qu'il y est tranquille, on détache le sac de nouveau.

P l a n c h e III.

Le panier, *A*, a la forme d'une vanne; il peut être muni par devant et par derriere d'un couvercle. L'intérieur en doit être garni de traverses pour maintenir les gateaux de cire, de maniere qu'on puisse enlever le miel par devant et par derriere. Cette vanne pouroit être aussi placée sur le côté, sur-tout si les ouvertures de la ruche se trouvoient disposées comme dans la figure, *A*, de la cinquieme planche.

Quand on coupe en travers cette ruche en forme de vanne, il en résulte d'autres ruches, semblables à celle qui est représentée par la figure, 2. Il est aisé d'y remarquer, par devant et par derriere les bâtons, *b*, enfoncés par le haut dans la paille, ceux, *e*, qui sont en travers ainsi que ceux désignés par la lettre, *d*; l'extrêmité de ces dernieres, perce la paille, et paroit en de-hors, afin de donner la facilité, comme on peut le voir par la figure, 3, d'attacher plusieurs ru-ches ensemble. Trois de celles-ci réunies, servent pour un essaim d'abeilles. Ces ruches po-sées sur de grandes planches, ont une saillie par devant et par derriere ainsi qu'il est facile de le voir par la figure, 4. On peut y adapter par devant, un carreau de vitre, afin de pouvoir observer ce que font les abeilles. La lettre, *n*, désigne une espece de trappe, *o*, la poignée, *r*, un carreau de vitre; *p*, indique les coulisses de la trappe. La lettre, *s*, désigne l'ouverture qui sert de sortie aux abeilles; elle peut être agrandie ou diminuée par la trappe. Cette ruche

O

n'a par conséquent point besoin de plaque. Pour fermer l'ouverture , il ne faut que faire glisser la trappe dessus , en laissant toutefois une petite ouverture nécessaire au passage de l'air , mais insuffisante à celui des abeilles. Les figures, 6, et, 7, représentent les ruches taillées dans des massifs de bois. Il s'en trouve ordinairement trois l'une sur l'autre. Elles ont leurs ouvertures en, *k*, figure, 6, et *l 1*, *l 2*, *l 3*, figure, 7. La lettre, l, figure, 6, désigne des planches placées devant les ouvertures, et la lettre, *i*, des cercles de fer qui doivent empêcher la ruche de se fendre. On voit dans chacune des alvéoles, deux traverses, *h*, sur le derriere et une croix sur le devant; cette derniere piece est placée de maniere que les planches 1, 2, 3, figure, 6, soient appuyées contre. Par cette disposition, les gâteaux de cire ne peuvent en être endommagés. La lettre, *g*, désigne deux verroux, et la lettre, *n*, figure, 8, deux traverses. La lettre, *m*, indique des trous , avec lesquels sont ajustés les rebords, *m*, de la figure, 6; au moyen de ces dispositions, lorsqu'on veut fermer les ruches avec les planches, 1, 2, 3, de la figure, 6, il ne reste plus qu'à retenir celles-ci par des chevilles de bois.

P L A N C H E   IV.

. La figure, *A*, représente le cadre d'une ruche perfectionnée par Huber. Les cloux, *a*, servent à fixer un gâteau de miel, placé pour servir de guide aux abeilles. La lettre, *b*, désigne la partie supérieure, *c*, une large traverse, *d*, les côtés du cadre, *e*, les deux bâtons qui vont d'un côté à l'autre du cadre, pour l'assujettir en dehors. Ces détails sont plus faciles à apercevoir dans la figure, 2. A la lettre, *k*, on peut remarquer six de ces cadres, attachés ensemble. La lettre, *m*, désigne la planche qui forme une saillie, *n*, l'espece de trappe, *o*, la bande de cette trappe, *p*, l'ouverture qui sert de passage aux abeilles, *q*, les petits trous où sont fichés des tenons pour fixer la trappe, enfin la lettre, l, désigne un gobelet où travaillent les mouches à miel, et dans lequel il est aisé de leur donner à manger.

La figure, 3, offre une demi-ruche ; la lettre, *f*, désigne l'ouverture snpérieure, *g*, la croix avec des cloux, *h*, les bâtons auxquels sont adaptés les verroux, *i*. La figure, 4, présente trois de ces ruches jointes ensemble.

La figure, 5, offre une ruche dans laquelle il est facile d'observer les abeilles. L'on y voit l'espece de trappe, *n*, la bande, *s*, les vitres, *t*, entieres par devant et par derriere ; celles-ci sont partagees en deux parties sur les côtés, afin de pouvoir être enlevées avec les demi-caisses auxquelles elles appartiennent, chaque fois qu'il est nécessaire de séparer ces dernieres. La lettre, *u*, désigne une trappe sur le côté, laquelle glisse dans des coulisses, *w*; *v* est la bande de la trappe. Les chevilles, *x*, servent à consolider le tout. La lettre, *f*, désigne les soupiraux ou trous, faits pour introduire l'air, lorsque cela est nécessaire; ils sont recouverts de plaques de fer-blanc, lesquelles doivent être fermées avec des carreaux de vitre, quand on enleve le miel. La lettre, *p*, indique l'ouverture pour la sortie des abeilles, *q*, les trous qui servent à retenir la trappe, *y*, la planche sur laquelle repose la ruche, et *z* la bande.

Les figures 6, 7, 8, représentent, dans leur grandeur naturelle, les tenons ou vis qui servent à joindre les caisses ensemble. La figure, 10, représente une civiere propre à transporter les ruches horizontales.

La figure, 9, représente un entonnoir, qui sert à donner du miel aux abeilles. La lettre, *a*, désigne des tuyaux avec de petits trous; la lettre, *b*, indique la pointe de l'entonnoir, pourvue également de petits trous, afin que le miel puisse être sucé goute à goute, par les abeilles. La lettre, *c*, indique un couvercle, qu'on peut ouvrir ou fermer à volonté, par le moyen d'une charniere, qui y sera adaptée pour cet effet.

PLANCHE V.

La figure, *A*, offre une ruche horizontale, composée de quatre couronnes ou demi-ruches réunies, et posée sur une civiere pour pouvoir être transportées. Les couronnes sont attachées par les crampons, *c*, figure, 2. La ruche est pourvue devant et derriere d'un couvercle de paille, ou d'une planche ronde qui lui en tient lieu, et à laquelle se trouve adapté un carreau de vitre et une trappe. La lettre, *a*, désigne l'ouverture devant laquelle il pourroit y avoir une plaque. L'on ferme le trou, *d*, avec un bouchon de paille, et chaque fente ou jour des couronnes avec une espece de mortier, fait de fiente de vache et de terre glaise.

La figure, 3, offre une ruche horizontale creusée, dans un massif; suivant l'usage des Russes, elle a trois hautes ouvertures, *k*, munies par devant de petites planches, *l*. Aux extrémités de la ruche se trouvent des cercles de fer, *i*, qui la rendent solide.

La figure, 4, représente un capuchon, dont la partie de devant, *b*, peut être tressée avec du laiton, du fil d'archal ou des crins, et avoir une forme convexe. Le reste de ce capuchon est fait de toile ou d'une étoffe légere.

Afin que les abeilles ne sortent point de la ruche, pendant qu'on en enleve le miel, ou qu'on est occupé d'autre chose, il faut avoir soin de faire de la fumée. A l'aide du souflet, *E*, représenté par la figure, 5, l'on peut se passer du vase ordinaire, employé à cet usage, et se dispenser de soufler la fumée avec la bouche. On allume dans la boite, *n*, du bois pourri ou de l'éponge; la fumée de ce feu sort par le long tuyau de fer-blanc, *m*. La lettre, *s*, indique le fond de la boîte, et la lettre, *r*, le couvercle, auquel est adapté une piece, *q*, qui couvre un trou; en ouvrant, ou en fermant celui-ci, on peut augmenter, diminuer ou faire cesser la fumée. La boite, *n*, est attachée près de la lettre, *p*, à un tuyau, solidement fixé en, *o*, à la soupape du souflet.

La figure, 6, présente un instrument, propre à couper les gâteaux de miel; il peut, ainsi qu'il est facile de le remarquer à la lettre, *x*, être divisé en deux parties, ou n'en faire qu'une Cet instrument est composé de deux couteaux; l'un et l'autre sont à deux tranchants, mais celui désigné par la lettre, *u*, a la lame plate. Il a deux pouces de largeur près de, *t*, et l'on s'en sert en le poussant en ligne droite.

La figure, 7, offre la capture d'un essaim, qui s'est attaché à une branche d'arbre. Près de la lettre, *c*, se trouvent les abeilles, sur une branche d'un grand arbre. Pour s'en emparer, il faut avoir en, *d*, un crochet, muni d'un écrou, *b*, auquel il est facile de visser un bâton long ou court, suivant la hauteur plus ou moins considérable, à laquelle se tient l'essaim. Pour rendre ce bâton plus ferme, il y a encore un autre écrou en, *e*. Afin de prendre les abeilles, il faut avoir une caisse, *u*, placée sur une balançoire. La pièce, qui retient la caisse a vers la lettre, *w*, un pivot assuré par la pièce, *2*; sur ce pivot les branches inferieures, *x*, jouent comme la verge d'une balance. La barre, *c*, est fixée à la branche, *x*, près de la lettre, *y*. En tenant la ruche en l'air, et en tirant à soi la branche d'arbre avec un crochet, on imprime à cette caisse un mouvement, qui ne la fait point changer de direction.

La figure, 8, représente un pot de cuivre ou d'argile, lequel doit contenir de la fumée; il est pourvu d'une anse, *b*, d'un tuyau, *c*, qui sert à soufler la fumée avec la bouche. La lettre, *d*, en désigne un plus grand, d'où s'échappe la fumée pour aller jusqu'aux abeilles. La lettre, *e*, indique un couvercle, qui couvre l'onverture par laquelle on introduit, dans le pot, du feu et du bois pourri, pour y faire de la fumée.

P L A N C H E VI.

La figure, *A*, offre une vieille ruche de paille renversée. On la place dans l'ouverture, *h*, de la table, *D*, figure, 4; lorsque la fumée en a fait sortir les abeilles, on la coupe, près de l'ouverture, *a*, et aux côtés adjacents, *b*, en descendant en ligne droite jusqu'à la lettre, *g*. Quand cette opération est finie d'un côté, on la repete du côté opposé, et aussi de, *g*, en, *g*. Les parties coupées doivent être détachées, quand le couteau, 9, figure, 7, a dégagé les gâteaux de miel. Voyez la figure, 2. Dès que cette opération est finie, les gâteaux doivent être coupés sur les côtés, de maniere que deux demi-ruches puissent être ajustées ensemble et former une nouvelle ruche semblable à l'ancienne. On retourne ensuite cette ruche comme celle de la figure, 3. Aprés avoir bouché les fentes, *g*, et, *b*, avec un mélange d'argile et de fumier de vache, on place la ruche sur une planche, l'ouverture, *a*, posant dessus.

Si l'on étoit contraint dans le travail, dont il vient d'être question, de couper les gâteaux par le milieu, on se serviroit du couteau mince et à deux tranchants, 6, figure, 7. A l'extrêmité de sa lame, il est facile d'adapter une seconde poignée, 11, figure, 8. Le fil d'archal, *i*, figure, 9, peut être aussi employé à cet usage. Un instrument très-commode pour couper les gâteaux, c'est celui représenté, par la figure, 12; il consiste en deux bandes de fer ou de cuivre. Près de la lettre, *b*, il est poli et très-tranchant. Après l'avoir pris par la poignée, *a*, on en pousse la partie, b, à travers les gâteaux. Les côtés, *t*, n'en sont point afilés. L'on doit enfoncer, au côté opposé, un couteau semblable. La figure, 6, représente un couvercle, qui se place dans l'ouverture, *h*, de la table, *D*, figure, 4, de maniere que l'anse, *i*, en soit en bas, et que la chaise, *E*, figure, 5, se présente comme un siege.

La romaine, *K*, figure, 10, peut servir à peser les ruches. Les deux montants, *a*, *b*, en reposent sur les pieds, *c*, *d*, *e*, *f*, fixés ensemble, par les traverses, *g*, *h*, *i*. Au-dessus des montants est une petite planche, *k*; cette planche est surmontée d'un morceau de fer, *l*, sur lequel pose la verge de la romaine, pour qu'elle n'entre point dans le bois, et qu'elle conserve un juste équilibre. La verge, *o*, avec son poids, *p*, de huit livres, pose par une pointe aiguë, sur le point de repos, près de la lettre, *l*. De même qu'elle est représentée dans le dessein, de même elle doit se trouver placée pour une ruche de 12 jusqu'à 54 livres. Mais quand le poids passe 54 livres, la pointe la plus avancée de la verge doit alors se trouver au point de repos. Ces dispositions faites, on suspend la ruche, *q*, avec 4 cordes, *r*, au crochet, *s*; ensuite on en rapproche, ou l'on en éloigne le poids, *p*, jusqu'à ce qu'il soit dans un parfait équilibre avec la ruche, et qu'il indique sa pésanteur; on prend sur le champ note de cette pésanteur, ainsi que du jour et de l'année.

La figure, 11, offre une ruche suédoise, divisée en quatre parties. La lettre, *b*, indique les ouvertures, pratiquées suivant l'usage reçu en Russie; la lettre, *c*, désigne les planches qui se trouvent devant.

PLANCHE VII.

Celui qui n'a qu'une petite quantité de cire à presser, peut se servir d'une presse ordinaire, ou de deux bâtons arrondis par le bas. Lorsqu'il emploie ce dernier procédé, voici comme il doit s'y prendre. Après avoir bien fait cuire la cire dans l'eau, il la met dans un sac pointu par le bas; ferme l'ouverture du sac, et le suspend à un crochet. A l'aide des deux bâtons et de deux personnes, il presse la cire jusqu'à ce qu'il n'en sort plus une goutte d'eau. Une grande quantité de cire, exige une presse particuliere, faite suivant un des deux modeles, représentés sur cette planche.

La figure, *A*, offre une presse avec une vis; les détails suivants la feront connoître. La figure, *B*, en représente le bas qui est fait comme un gril, afin de pouvoir livrer passage à l'humidité. La figure, *C*, présente un des côtés du gril, dont les bâtons reposent sur une traverse. La figure, *D*, offre le couvercle de la partie supérieure, au milieu duquel se trouve la vis, *a*; la lettre, *b*, désigne les anses ou poignées. La figure, *E*, montre le profil du couvercle avec les poignées, et la figure, *F*, présente le dessus de la caisse.

La figure, *G*, représente une presse à levier, à l'explication de laquelle sont destinées les autres figures de cette planche. Le bas de cette presse est un madrier désigné par la lettre, *a*. Il faut placer dessus, un support creux, *H*, figure, 7, de maniere que la partie, *n*, soit appuyée à la planche, *i*, qui est debout, et que les deux côtés ouverts le soient aux deux côtés de la planche. La partie ouverte du support doit se trouver vis-à-vis des lettres, *a*. On place, sur le support,

P

une caisse carrée, semblable à celle de la figure, *I*, laquelle sert à presser la cire, qui y est déposée dans un sac. Sur le devant de la caisse se trouve un petit canal, *m*, pour l'écoulement; ce canal est fermé par une plaque de fer-blanc, qui, quoique percée de plusieurs trous, doit empêcher les ordures de s'y introduire. La caisse est élevée de 4 à 6 pouces de chaque côté. La figure, *K*, en présente le profil. Après y avoir mis le sac de cire, on la place près d'*a*, *g*, sous la barre, *e*, *c*, *h*, relevée pour cet effet; aussitôt on pose dessus, la planche, *l*, figure, 11, laquelle doit être surmontée d'un billot de trois pouces d'épaisseur, aussi large et aussi long que la caisse. Ensuite on presse avec la barre au point, *e*, d'abord doucement, puis un peu plus fort et après toujours plus fort, à l'aide d'un cabestan, *d*, placé près des lettres, *b*. On fait cette opération, en passant autour du cabestan, la corde, attachée au point, *e*, et en tournant les quatre bâtons, *o*. Le support, *f*, empêche toute déviation de la part de la barre, la planche, *g*, fait le même effet par le moyen de sa mortaise, *k*, où passe la barre. Cette planche est pourvue de pentures de fer, qui la rendent solide.

P L A N C H E VIII.

Cette planche et la suivante ne représentent que des abeilles, ou les différentes especes de cellules de ces mouches.

La figure, *A*, offre un fragment de gâteau de miel avec des cellules horizontales, en partie ouvertes, en partie fermées, dans lesquelles les abeilles ouvrieres sont nées. L'on y voit:

1) une petite cellule de Reine, laquelle n'est ni achevée, ni couverte, et qui ressemble à un calice;

2) une seconde céllule de Reine, attenante, plus grande et entierement achevée, quoique ouverte encore par le bas;

3) des cellules horizontales pour les abeilles ouvrieres déjà écloses;

4) des cellules, fermées avec des gâteaux de miel, dans lesquelles se trouvent du miel ou du couvain.

La figure, *B*, présente deux cellules de reine, entierement achevées et dans un gâteau de miel. L'on y voit de plus:

1) à main gauche, une cellule tout-à-fait couverte;

2) une autre dans le milieu près de l'être.

Dans les cellules du milieu, il se trouve beaucoup d'oeufs et de nourriture, et dans toutes les cellules, l'on aperçoit des vers à moitié éclos.

La figure, *C*, 1, offre un oeuf, d'où proviennent les reines, ou les meres, dans les grandes cellules. La lettre, *b*, désigne un oeuf de grandeur naturelle, et la lettre, *a*, en indique un autre plus grand, attaché à une épingle. La figure, *C*, 2, présente un oeuf de bourdon, de grandeur naturelle en, *b*, et plus gros en, *a*.

La figure, *D*, montre plusieurs canaux remplis d'impuretés; ils se trouvent ordinairement dans des gâteaux de miel, faits par des abeilles, qui sont en petit nombre dans leur rucher, à cause des phalenes qui les obligent d'en sortir. La figure, *E*, offre une phalene femelle, la figure, *F*, un mâle, la figure, *G*, une seconde femelle, vue par en bas. La figure, *H*, présente le même papillon vu de côté, et la figure, *I*, le montre avec ses ailes déployées. La figure, *K*, offre une moitié du corps de ce papillon; la femelle dépose ses oeufs par sa partie posterieure, qui a la forme d'un aiguillon. La figure, *L*, représente deux chenilles provenues de ces oeufs, qui ont été déposés dans les gâteaux; la plus jeune est désignée par la lettre, *k*, et la plus agée par la lettre, *l*, On voit, sur quelques cellules un tissu creux, fait par ces insectes. La figure, *M*, représente une de ces chenilles entierement éclose, la figure, *N*, montre un de leurs tissus. La figure, *O*, offre une chrysalide, de laquelle provient le papillon de nuit; pendant le jour cette phalene se tient derriere les ruches, et elle y entre la nuit par les fentes pour y déposer ses oeufs.

Planche IX.

La figure, 1, *A*, représente une abeille stérile, de grandeur naturelle, et parfaite dans sa partie antérieure. La lettre, *a*, désigne les antennes, *b*, les six pattes, *c*, les ailes, et, *d*, la partie postérieure, qui est plus grosse que celle d'une reine féconde, dessinée dans la premiere planche. La figure, 1, *B*, offre cette partie postérieure, séparée du reste du corps; la figure, 1, *C*, présente la tête, dessinée en grand; la figure, 1, *D*, montre la plus grande partie d'une patte de devant; la figure, 1, *E*, présente le double ovaire, et fait voir la maniere, dont il se sépare, quand dans un procédé anatomique, on le fait tomber dans un peu d'eau. Ce qui prouve l'infécondité de ces ovaires, c'est qu'on y trouve pas un seul oeuf.

La figure, 2, *A*, présente la partie postérieure d'une reine, prête à deposer ses oeufs; cette figure est faite d'après le dessin du pasteur Spitzner. La lettre, *a*, désigne le vagin qui est un peu relevé vers le dos de l'abeille; la lettre, *b*, indique le fourreau de l'aiguillon; *c*, montre cet aiguillon recourbé vers la terre. La lettre, *d*, indique un oeuf, qui sort du vagin; la lettre, *e*, marque, dans l'écaille inférieure, l'espace qui est nécessaire à l'aiguillon pour pouvoir jouer librement, et la lettre, *g*, montre l'ouverture que se font les écailles en s'ouvrant. Les figures, 2, *B*, et, 2, *C*, présentent deux oeufs d'abeille.

La figure, 3, *A*, représente suivant les observations de Monsieur Riem, la partie postérieure d'une abeille, qui dépose ses oeufs. La lettre, *a*, désigne la derniere écaille du dernier anneau du côté supérieur; la lettre, *b*, montre la derniere écaille de la partie inférieure; la lettre, *c*, indique le canal d'où proviennent les oeufs; la lettre, *e*, désigne deux petits crochets, à l'aide desquels l'abeille s'accroche, pendant l'accouplement, à ceux du mâle; la lettre, *f*, montre l'aiguillon qui est recourbé en arriere, au bas de celui-ci se trouve une grosseur apparente, *i*, qui fait partie des crochets, *e*; la lettre, *g*, désigne la vessie qui renferme du venin; la lettre, *h*, montre quantité d'ovaires ; la lettre, *k*, indique une partie inconnue et la lettre, *d*, désigne deux oeufs.

Les figures, 3, *B*, et, 3, *C*, représentent également des parties postérieures de reines, mais nues et sans oeufs, de même que l'est l'ovaire représenté par la figure, 3, *D*.

La figure, 4, *A*, offre par le bas, le fourreau vide de l'aiguillon de la reine. La lettre, *a*, indique la sortie du fourreau, d'où ont été tirés les aiguillons, représentés par les figures, 4, *B*, et, 4, *C*. La lettre, *b*, désigne les deux petits crochets, restés suspendus, et la lettre, *c*, indique une partie du canal des oeufs, et de celui qui porte de la vessie venimeuse, à l'aiguillon, une liqueur brulante.

La figure, 4, *D*, offre un fourreau avec deux aiguillons séparés des autres parties. La lettre, *a*, désigne un petit bouton, la lettre, *b*, une grosseur à la partie supérieure, et la lettre, *b*, montre la pointe des deux aiguillons. La figure, 4, *E*, présente une partie de l'extrêmité de ces deux aiguillons ; les crochets qui s'y trouvent, empêchant l'abeille de retirer son aiguillon, sont cause qu'elle doit périr, après avoir piqué.

La figure, 5, offre l'ovaire d'une reine, qui ne pond encore que des oeufs de mâle.

La figure, 6, offre en grand, la partie postérieure d'une abeille ouvriere féconde, qui ne pond que des oeufs de mâle, ce qui la fait paroître très-grosse. La lettre, *a*, désigne les six anneaux du dos ; la lettre, *b*, indique les six écailles du bas-ventre, entre lesquelles la cire découle du miel et de la nourriture des abeilles. La lettre, *c*, désigne le canal d'où sortent les oeufs ; la lettre, *d*, indique les deux petits crochets qui ont déjà été décrits à l'article de la reine ; et la lettre, *e*, montre l'aiguillon avec son fourreau.

LOGEMENT DES VERS À SOIE.

_____

LOGEMENT DES VERS À SOIE.

Avant de parler des bâtiments, nécessaires aux vers à soie, nous ne pouvons nous dispenser de faire quelques observations essentielles sur des objets relatifs à cette partie, et la plus importante sans doute est celle qui concerne les plantations de muriers.

L'on fait connoître par la premiere figure de la premiere planche, la maniere la plus avantageuse de faire ces plantations. Pour cela il faut avoir une place de deux cents pieds carrés, et même au delà; si l'on veut on peut lui donner une forme agréable. Après en avoir choisi une carrée, on l'entoure d'une haie de muriers, où il a été fait quatre entrées, *a*. Dans l'intérieur on plante des allées de muriers, *d*, de l'âge de deux, trois ou quatre ans au plus. La moitié de la plantation doit être dirigée vers le levant et l'autre moitié vers le midi, afin qu'en tout temps, le vent puisse jouer dans une partie, et en sécher plus promptement les feuilles humides. Il sera nécessaire de donner douze à vingt-quatre pieds de largeur aux allées, et deux à quatre aux buissons.

On peut laisser croître de ces buissons entre les allées, soit pour en faire usage, soit pour conserver avec plus de facilité les feuilles de ces arbres, qui en seront couverts par un temps sec. Il faut toutefois avoir la précaution de nettoyer bien exactement les bandes de terre, *c*, auprès des arbres, afin que ceux-ci ne soient point privés de leurs sucs nourriciers par les mauvaises herbes, et par conséquent point arrêtés dans leur pousse. Ce soin est absolument nécessaire la premiere année de la plantation.

Il ne faut point conduire les muriers de la même maniere que les arbres des jardins, ni les tailler de même, par ce que cela les feroit ressembler à ceux de la figure, *B*, on les coupe tout-à-fait jusqu'à deux ou trois pouces du tronc; cette opération a lieu presque tous les ans et surtout les trois premieres années, ensuite on les laisse croître naturellement comme de petits arbustes, ainsi qu'on peut le voir figure, *C*. Si les muriers devenoient trop épais, il seroit nécessaire d'ôter quelques arbres, où on le jugeroit a propos.

Les figures, **D**, et, **E**, représentent des branches du murier de tartarie, c'est celui qui convient le mieux aux vers à soie. La branche, désignée par la lettre, **D**, porte du fruit et l'autre pas.

Pour que les vers à soie puissent filer leurs cocons, il faut avoir soin de construire de petits logements semblables à ceux dont la seconde planche offre le modele. La premiere figure de cette planche représente le plan de ces logements, et la seconde le profil. La forme qu'il convient de leur donner est arbitraire, et ceux-ci auroient pu être ronds aussi bien que carrés; mais il est nécessaire de les faire d'un pied de largeur, afin que le vers à soie puisse y déposer commodément sa soie. Les logements ou cellules consistent en lattes, *a*, clouées les unes au-dessus des autres; l'on en peut remarquer l'épaisseur à la lettre, *d*. Il a été pratiqué çà et là des ouvertures, *c*, pour y placer les vers à soie. L'espace qui se trouve entre les lattes, *e*, sert à ces insectes pour filer leurs cocons. L'extrêmité de chaque rayon, *f*, doit être couverte de papier, afin que le vers à soie ne puisse passer d'un rayon à un autre. L'échafaudage formé par les cellules des vers à soie repose sur des caisses, *g*, remplies de copeaux, de broussailles et menues branches, dans lesquels le ver poura travailler. Tout autour des cellules, on peut placer un filet, *h*, pour aider le ver qui monte, et le garantir de chute, s'il est possible. La lettre, *i*, désigne les rebords des planches; ils doivent empêcher les vers à soie de tomber à terre et de périr. Le plancher inférieur des cellules se trouve sur des pieds de six pouces de hauteur; l'on répand de la cendre sur le plancher pour en éloigner les fourmis. Il peut y avoir trois ou quatre étages de cellules sur les caisses; cette méthode offre l'avantage de pouvoir servir plusieurs fois dans une année.

La méthode suivante est plus praticable, lorsqu'on ne veut qu'un petit nombre de vers à soie. L'on dresse un simple échafaudage de planches ou de lattes, contre les murs ou cloisons d'une chambre. Cet échafaudage qui pouroit même être construit au milieu d'un appartement, aura de hauteur et de profondeur un pied et demi, même le double, s'il est nécessaire, ou que l'emplacement le permette. L'on étendra ensuite d'un mur à l'autre, des branchages secs, peu serrés de maniere qu'ils ressemblent à des fagots, et que les vers s'y attachent; on laissera des ouvertures, dans une place d'environ deux pieds, pour y placer commodément des vers à soie. Les fagots peuvent être remplacés par des copeaux ou de la paille, ramassées en tas, peu serrés, et qu'il faudra mettre dans les rayons.

Quand les cocons sont filés, il faut les enlever et les déposer dans un four chaud, pour faire périr l'insecte, qu'on empêche auparavant de sortir, en le perçant. La troisieme planche représente un poêle propre à cet usage.

La figure, **A**, en offre le plan. La lettre, *a*, désigne le foyer sur lequel doit être placée une chaudiere. Au milieu de ce foyer se trouve une grille, *b*, à travers laquelle s'échappent les cendres, pour tomber dans un trou fait au dessous. Près de la lettre, *c*, est la place, où se fait le feu; au-dessus se trouve la cheminée, *d*, qui s'élève jusqu'au delà du toit. Sur les côtés du poêle sont placées les lattes, *e*, qui portent des corbeilles pleines de cocons. La porte, *g*,

——— 65 ———

conduit dans l'intérieur de la maison par l'escalier, *f*; cette porte doit être bien emboîtée pour qu'il ne sorte point d'exhalaisons.

La figure, *B*, représente l'élévation de ce poêle. La lettre, *c*, désigne la place, où se fait le feu, la lettre, *h*, la place des cendres; au-dessus s'élève la cheminée, *d*, au haut de laquelle sont les ouvertures, *i*, qui donnent passage à la fumée. L'escalier est désigné par la lettre, *f*. Il est aisé de remarquer cet escalier dans la façade de tout le bâtiment, figure, *c* 3, ainsi que la porte, *g*, la cheminée, *d*, et la place, où se fait le feu.

La figure, *D*, est le profil de ce poêle. L'on y voit la place du feu, *a*, la grille, *b*, le trou des cendres, *h*, la porte du foyer, *e*, la cheminée, *d*, et les ouvertures, *i*, destinées au passage de la fumée. La place, *m*, de la chaudiere est bien aisée à apercevoir, ainsi que l'espace, *n*, propre à recevoir les corbeilles, *k*, où sont les cocons. Les corbeilles se trouvent sur des lattes, placées des deux côtés du poêle. La lettre, *l*, désigne une espece de lanterne de fer-blanc, où s'élevent toutes les vapeurs, qui retombent après en gouttes dans la chaudiere.

Pour avoir de la bonne soie, il n'est pas possible d'apporter trop de soins en dévidant les cocons; l'on trouvera planche IV, une machine propre à cette opération et d'une nécessité indispensable.

A, B, est un cadre qui repose sur la base, *x*, à laquelle il est fixé. Sur ce cadre sont les deux pivots, *k, r*. Celui, désigné par la lettre, *k*, porte le dévidoir avec son arbre, *t*. Dans le cadre il y a quatre dévidoir. L'un d'eux se voit, figure, *H, H*; au moyen de l'écrou, *g*, il peut être élevé ou abaisé à volonté. L'arbre du dévidoir est mis en mouvement par la manivelle, *i*; alors le mouvement ou ressort, *b*, s'attache à la rue de champ, *l*, par laquelle le dévidoir reçoit l'impulsion qui le fait aller. La Roue, *m*, qui a reçu aussi une impulsion de la roue, *l*, s'empare du mouvement, *n*, pourvu dans sa partie supérieure d'une manivelle, facile à distinguer dans la figure, *B B*, près des lettres, *o*, et, *r*; par son moyen la piece, *p*, qui conduit les fils, qu'on voit dans les figures, *A, B*, et, *C, C*, est constamment poussée en avant et en arriere. Cette piece se trouve pourvue de deux crochets, *q*, figure, *C, C*, qui par le moyen d'une fourchette de fer, *s*, figure, *A, B*, servent à filer et à dévider les cocons, laissés dans la chaudiere.

A, A, est le côté droit du cadre, *A, B*. L'on y voit les deux pivots, arrêtés par l'écrou, *v*, l'ouverture supérieure, *k*, du plus petit de ces deux pivots, et l'ouverture, *w*, du plus grand, *r*. *B, B*, représente la partie gauche du cadre, *A, B*, à laquelle sont attachées les deux roues, *l, m*. *C, C*, est, comme nous l'avons déjà remarqué, la piece qui conduit les deux fils. *D, D*, désigne la place, où se tient l'ouvrier près du dévidoir. *E, E*, ne représente que la manivelle, *i*. Le premier mouvement, qui donne l'impulsion à l'arbre du dévidoir est représentée par la piece, *F, F*, dessinée en grand, laquelle doit avoir vingt-deux dents. *G, G*, offre l'autre ressort ou mouvement, dessinée aussi en grand et pourvu de trente-cinq dents. *I, I*, indique également en grand la roue dentelée, *l*, et la roue de champ, *m*, dont la premiere a vingt-cinq dents, tandisque la seconde n'en a que vingt-deux. *H, H*, offre l'arbre, *t*, du dévidoir ainsi que les écrous, *d, d*, et d'autres parties, dessinées d'une maniere distinctes, et marquées de différentes lettres.

R.

Les autres figures de cette planche indiquent la meilleure méthode de tirer de la chaudiere, les fils des cocons.

La figure, *A*, 1, présente deux fils, tenus par deux mains, *A*, *a*, ou tirés de la chaudiere par la main, *A*; on apperçoit dans la main, *a*, les deux extremités de ces fils, dont l'un pend negligemment en, *a*, *a*.

La figure, *B*, 2, offre les deux fils de soie tenus entre le pouce et l'index. On les tourne jusqu'en, *b*, *b*, ou à peu près, en faisant un mouvement du pouce, lequel les renvoie à l'extrêmité de l'autre doigt. De cette maniere, les fils se trouvent d'autant plus tordus, que le pouce a été plus actif. Comme il est au surplus très-nécessaire que les fils soient tournés plusieurs fois, il faut que les mouvements du pouce soient bien prompts.

Lorsque les deux fils sont tournés, on les tient fermes entre les deux doigts du milieu, ainsi que l'indique, la figure *C*, 3, jusqu'à ceque le pouce et l'index ayent renouvellé leurs opérations comme en, *b*, *b*. De cette maniere on peut croiser les fils vingt et jusqu'à cent fois, sans qu'il en coûte beaucoup de peine; et plus ce procédé sera répété, plus la soie en acquerra de force.

Quand les fils ont été croisés aussi souvent qu'on l'a cru nécessaire, il faut tenir fortement ceux qui sortent de la chaudiere, ainsi qu'il est facile de le remarquer en, *d*, et, *d*, *d*, figure *D*, 4; on fait attention, d'en pousser une partie en arriere du côté du dévidoir. Il arrive de là qu'il se forme une espece de noeud vers les lettres, *d*, *d*, *d*; on en tire le bout antérieur vers les lettres, *e*, *e*. Après l'avoir passé sous le fil tendu, on l'attache à celui qui est vis-à-vis et désigné par les lettres, *e*, *e*, *e*.

La figure, *E*, 5, indique la maniere dont les fils préparés doivent être placés sur le devidoir. Il sort de la chaudiere, *c*, entre, *d*, et *e*, cinq jusqu'à vingt fils plus ou moins. La lettre, *f*, désigne la place où ils ont été croisés, et les lettres, *g* et *h*, marquent celle à laquelle on les a fixés. La place de la machine qui sert à les devider est désignée par la lettre, *i*. Les fils courent sur cette machine au-dessous de la piece, *k*, et sont portées, à l'aide de roulettes particulieres, sur le premier dévidoir placé au-dessus. Les fils pris en, *d*, doivent être attachés au crochet, *h*; et ceux pris en, *e*, sont attachés au crochet, *g*.

La personne qui pose les file, peut indiféremment, se mettre à droite ou à gauche; c'est sa place que désigne la figure, *F*, 6. Cette personne prend autant de fils qu'elle le juge à propos, mais autant d'un côté que de l'autre, ainsi qu'il est facile de le voir en *d*, et en, *e*; elle les attache ensuite aux crochets, *g*, *h*, tourne une ou deux fois les fils, *e*, pour qu'ils puissent se soutenir, et qu'ils ne cassent point. Après cela, elle tire à elle le plus proche de la lettre, *d*, le place ensuite légerement à côté des autres, et a soin de procéder de la maniere, qui est expliquée plus haut.

Tab. I.

Fig. 4. D.

Fig. 3. E.

Fig. 2. B.

Fig. 3. C.

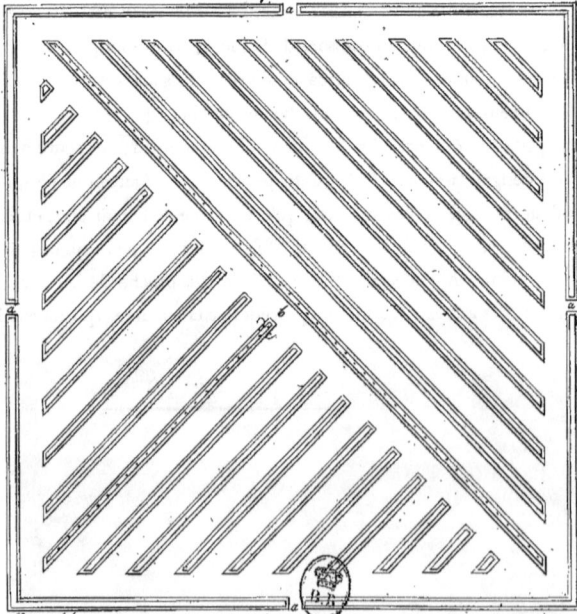

Fig. 1. A.

Alsino del.

Capieux sc.

Tab. II.

Fig. 2. B.

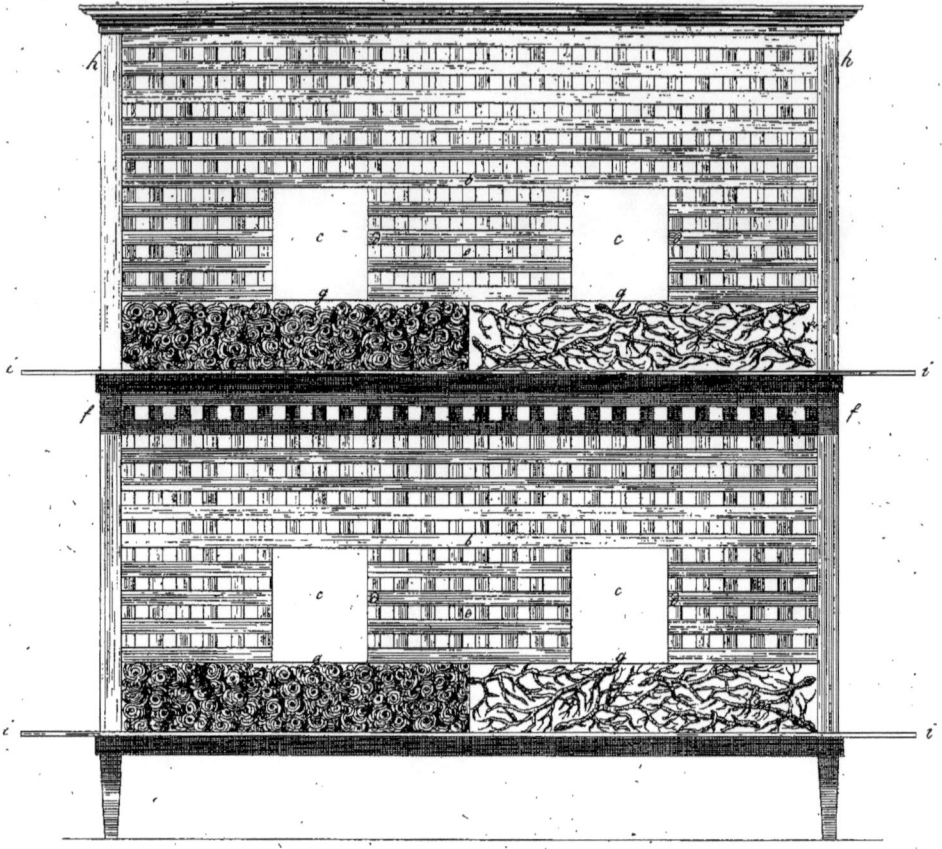

Fig. 1. A.

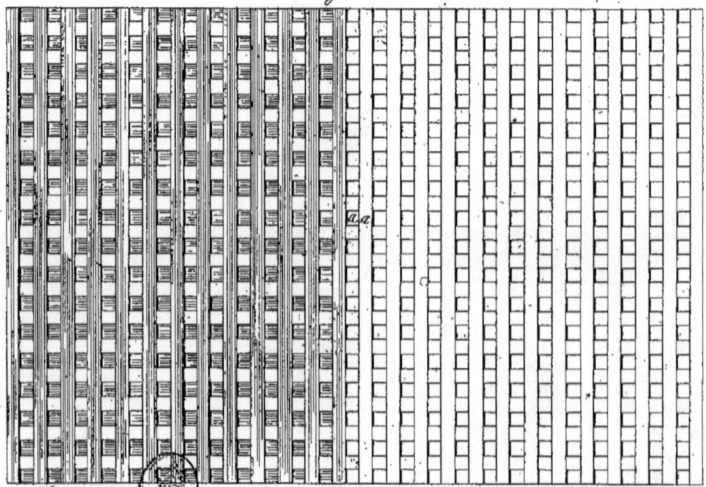

Heine del.   B.R   Hüllmann sc.

Tab. III.

Fig. 2. B.

Fig. 4. D.

Fig. 3. C.

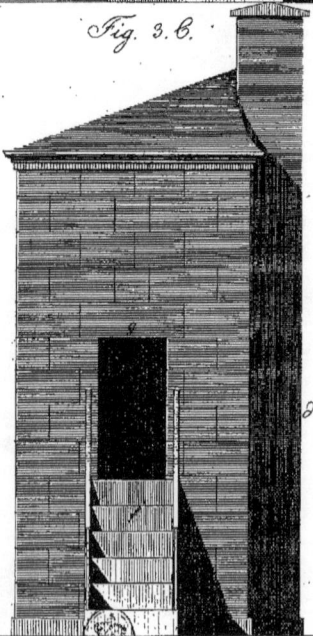

Fig. 1. A.

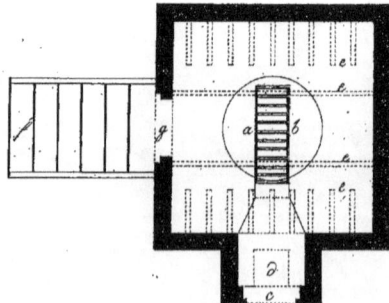

Heine del.

Hüllmann sc.

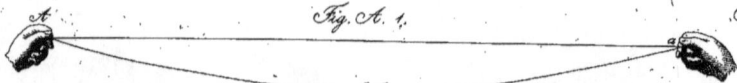

Fig. A. 1.

Tab. IV.

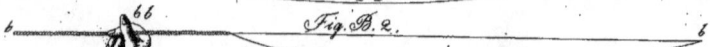

Fig. B. 2.

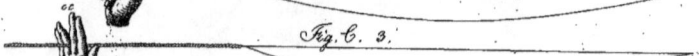

Fig. C. 3.

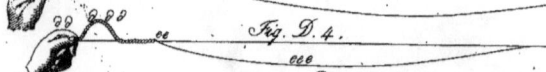

Fig. D. 4.

Fig. E. 5.

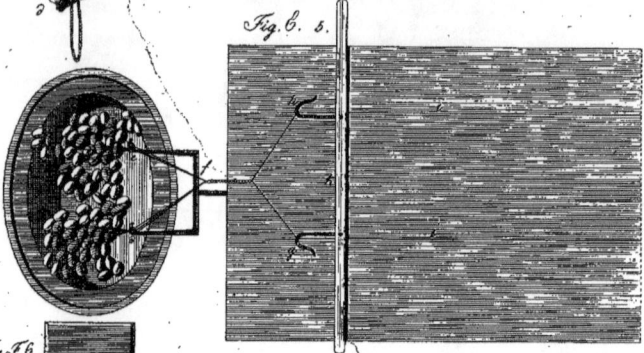

Fig. F. 6.

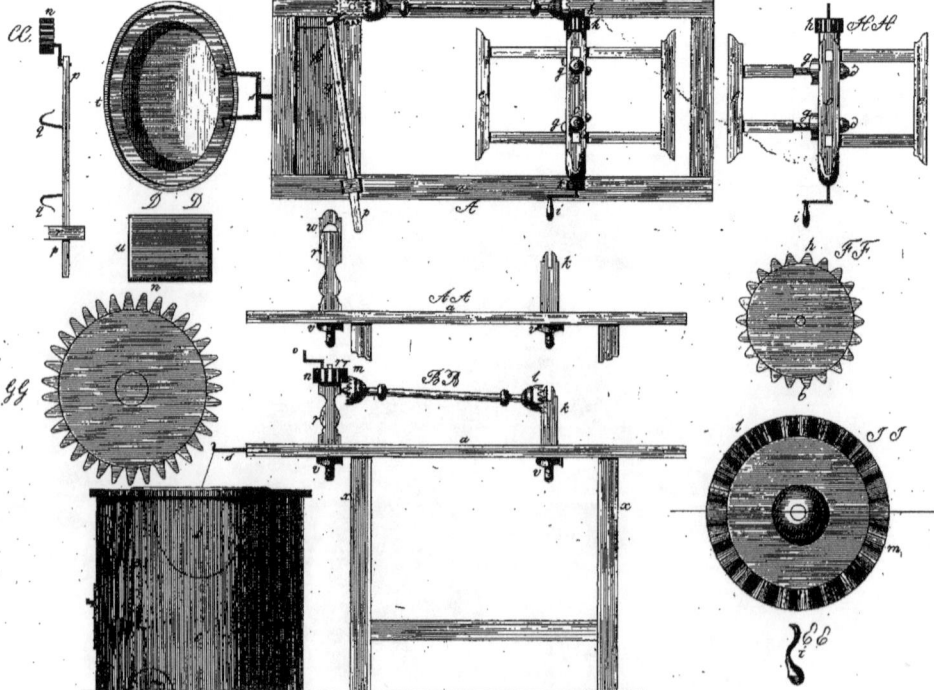

Heine del.

Hüllmann sc.

C H E N I L S.

C H E N I L S.

Après nous être occupés des animaux nécessaires à l'économie rurale, n'y auroit - il pas la plus grande ingratitude d'oublier le plus fidelle de tous, celui qui partage les peines et la joie de son maître, qui le caresse dans l'infortune, et veille à sa sûreté personnelle, ainsi qu'à celle de son or? ne seroit-il pas inexcusable d'oublier le chien cet animal patient, dont les vertus ont quelquefois fait rougir l'humanité, de ne par porter un regard d'intérrêt sur ses mauvaises habitations, et de ne pas chercher à lui en procurer de meilleures? Nous ne voulons point parler de ces chiens renfermés dans des chambres, ou gardés sur les genoux de leurs maîtres, qui en prennent trop de soin, et dégoûtent souvent les témoins de cette foiblesse inexcusable. Nous n'avons en vue que ce gardien fidele et actif, chargé de veiller à la sûreté de la maio , toujours gai malgré l'interruption de son sommeil au plus léger bruit; aide infatigable du chasseur, après avoir déployé toutes ses ruses et sa science contre le gibier, cet animal harassé de fatigues et n'en pouvant plus, ne trouve souvent d'autre gîte pour prix de ses services, que le misérable toit d'une écurie humide, et quelquefois même il est obligé d'aller chercher le repos dans un coin de la cour, et en plein air. Comment n'a-t-on pas honte d'une conduite si barbare et si insensée envers un être aussi utile; en exposant ce chien à tomber malade, on le met dans l'impossibilité de continuer ses services, tandis qu'il servoit on ne peut pas plus facile de prévenir cet accident, en lui donnant une demeure propre et à l'abri des intempéries de l'air.

Les chiens mis à la chaîne, et qui serent à garder la maison, n'ont le plus souvent, pour gîte, qu'une loge exposée à toutes les rigueurs du temps. Chaque loge devroit au moins se trouver sous un toit; cette situation, en la préservant de la pluie et des rayons du soleil, en feroit une place seche, fraiche et commode pour le chien.

Il faudroit en outre avoir attention, que la base de cette loge fut assez élevée, pour que l'air put passer par dessous et la préserver de l'humidité du sol; il est encore essentiel de lui donner une direction qui ne l'expose point aux vents. Pour y maintenir la propreté, il faut en remplacer sou-

S

vent la paille par de la fraiche, et faire enlever exactement les ordures que l'animal dépose devant. Cette loge seroit, on ne peut mieux placée, dans une écurie ou autre bâtiment, car le chien ne sauroit avoir une habitation meilleure ni plus sûre.

Comme les chiens de chasse exigent plus de soin, il est par conséquent naturel d'en prendre davantage pour leurs demeures, et nous allons indiquer les dispositions et les arrangements nécessaires pour parvenir à ce but.

Planche I.

Cette planche offre le plan d'un chenil pour des chiens de chasse; il se trouve contigu au logement des gens, destinés à prendre soin de ces animaux.

Du vestibule, *a*, on passe dans la chambre, *b*, de la personne qui distribue la nourriture aux chiens, à l'escalier, *d*, à la cuisine, *c*, et à la chambre à coucher, *e*. A côté de ce logement, sont les chenils. La lettre, *f*, désigne une place pour les chiens, laquelle peut être échauffée par un poêle, dont le feu s'allume en dehors; la lettre, *g*, indique la place des chiennes, *h*, celle des jeunes chiens, et, *i*, celle des chiennes pleines ou près de mettre bas. Devant le chenil se trouvent deux cours, *k*, *m*, qui doivent être pavées, et servir de promenades aux chiens, pour qu'ils puissent prendre l'air. Il doit se trouver dans chacune une auge ou abbreuvoir, *o*. Ces cours en enferment une autre, *l*, où l'on donne à manger aux chiens, et dont la moitié doit être couverte, afin que ces animaux puissent manger à l'abri des injures du temps. L'on aura soin d'y faire pratiquer un puits, tel que celui indiqué par la lettre, *n*. Le bâtiment dont il vient d'être question est terminé par deux autres petits. L'un des deux est destiné aux malades. *p*, désigne la place des chiens, *q*, celle des chiennes, et, *r*, celle des jeunes chiens. L'autre petit bâtiment est réservé pour loger le chasseur qui dresse les chiens; il contient une chambre, *s*, propre à cet objet, une chambre à coucher, *t*, une cuisine, *u*, une chambre, *w*, pour les provisions et un passage, *v*, qui conduit de ce logement au chenil.

Derriere ce bâtiment est une vaste place, fermée par des murs de clôture, *ff*. Des pieces de verdure se trouvent dans l'intérieur, la piece, *x*, est pour les vieux chiens, celle, *y*, pour les jeunes, et celle, *z*, pour les chiennes. Ces places sont séparées par des haies, *e e*. L'on a attention de faire, dans chacune, de petits réservoirs d'eau, *b b*, *c c*, *d d*, pour y baigner les chiens. Ces réservoirs doivent être entourés d'une petite grille, pour empêcher les chiens de se jeter dans l'eau, immédiatement au retour de la chasse, quand ils sont fort échauffés; cette précaution préservera leur santé du tort qu'elle souffriroit d'un bain pris à contre - temps.

PLANCHE II.

La figure, 1, représente la façade du bâtiment vue du boulingrin, c'est-à-dire de côté; dans le milieu, elle a une saillie qui contient le logement de celui qui nourrit les chiens. L'entrée en est ornée d'une corniche, soutenue par quatre consoles. Chacun de ses côtés a une fenêtre; l'une sert à éclairer la cuisine, et l'autre la chambre. Au-dessus de la corniche se trouve une autre fenêtre à demi-circulaire. De l'espace qui se trouve au-dessus de ce logement, l'on a fait une place, propre à recevoir des provisions.

Des petits bâtiments qui se trouvent aux deux extrêmités, l'un à droite sert à loger le chasseur, et l'autre à gauche est pour les chiens malades. Ces bâtiments ont, au milieu, leur entrée qui se trouve sous une fenêtre ronde; ils sont en outre ornés d'un fronton, dans lequel on a percée une fenêtre, qui doit donner du jour au grenier.

La seconde figure offre une autre vue de ce bâtiment; elle ne diffère qu'en très-peu de chose de la premiere.

PLANCHE III.

Cette planche offre la distribution de la maison d'un forestier. La figure, 1, en représente le plan. De la rue il faut passer dans le vestibule, *a*, pour aller dans la cour, dont la porte d'entrée est désignée par un, *y*. La lettre, *b*, désigne l'escalier, qui conduit à l'étage supérieur, et la lettre, *c*, indique celui de la cave. A la droite du vestibule est une grande chambre, *d*, destinée aux jeunes chasseurs, et à gauche est celle du forestier, désignée par la lettre, *e*; à côté de celle-ci se trouve la chambre à coucher, *f*, et derriere cette derniere est la cuisine, *g*, et la dépense, *h*, qui est voûtée. Sur les côtés de ce bâtiment principal, l'on a construit les chenils, *i*, *k*, *l*, *m*, devant lesquels se trouve la place, *o*, à demi-couverte, pour pouvoir y donner en tout temps à manger aux chiens. A côté du chenil, *m*, en est un autre, *n*, pour les chiens malades, lequel a une entrée désignée par la lettre, *x*. Dans la cour, *o*, sont les réservoirs, *p*, et plus loin les écuries, *q*, les étables, *r*, et enfin les emplacements, *s*, pour les harnois et les chariots. La lettre, *w*, désigne l'entrée de la grande cour, *t*, qui est entourée et fermée par les bâtiments, dont nous avons déjà parlé. Les places de verdure, *u*, qui servent à faire prendre de l'exercice aux chiens, ont un reservoir, *v*, qu'on a entouré d'une grille, pour empêcher les chiens échauffés de s'y baigner.

La figure, 2, représente le plan de ce bâtiment; au milieu se trouve la demeure du forestier, laquelle à deux étages et un grenier spacieux; sur les côtés sont les chenils, *C*. Le mur de clôture ne se trouve point ici, à côté de la demeure du forestier, afin qu'il puisse avoir la vue libre sur les écuries et les chenils.

P L A N C H E IV.

La premiere figure représente l'entrée d'une avant-cour ou d'un jardin. La porte du milieu ou la grille a deux battants. De chaque côté est une porte pour les gens de pied. Les piliers de celle du milieu sont des pilastres ioniques, sur lesquels l'on a placé des vases ; devant ces piliers sont des loges, où se trouvent des chiens qui doivent veiller à la sûreté des cours. La seconde figure montre une loge, faite de planches jointes ensemble, laquelle se présente par le côté dans la figure, 3. L'entrée, à côté de laquelle se trouvent les seaux pour le boire et le manger, est couverte d'un auvent.

Pour donner une idée claire de la maniere, dont un chien peut garder une ruche de tous côtés, l'on a représenté, dans la figure, 4, un rucher de trois rayons, avec un chien à la chaîne auprès. Au moyen du poteau, auquel est attachée la chaîne, le chien à la facilité de tourner, autour du rucher, et peut ainsi veiller de tous côtés; ce qui est facile à remarquer par la figure, 5. L'entrée de la loge doit faire face au derriere du rucher, afin que les abeilles ne puissent pas inquiéter le chien pendant le jour.

La figure, 6, represente le profil de la barre sur laquelle il est aisé de voir le crochet, qui la soutient et l'empêche de tomber. Afin que le crochet n'ôte point au chien la facilité de faire sa ronde, l'on a placé par derriere une charniere, arrêtée par un ressort.

Tab. I.

Fig. 1. A.

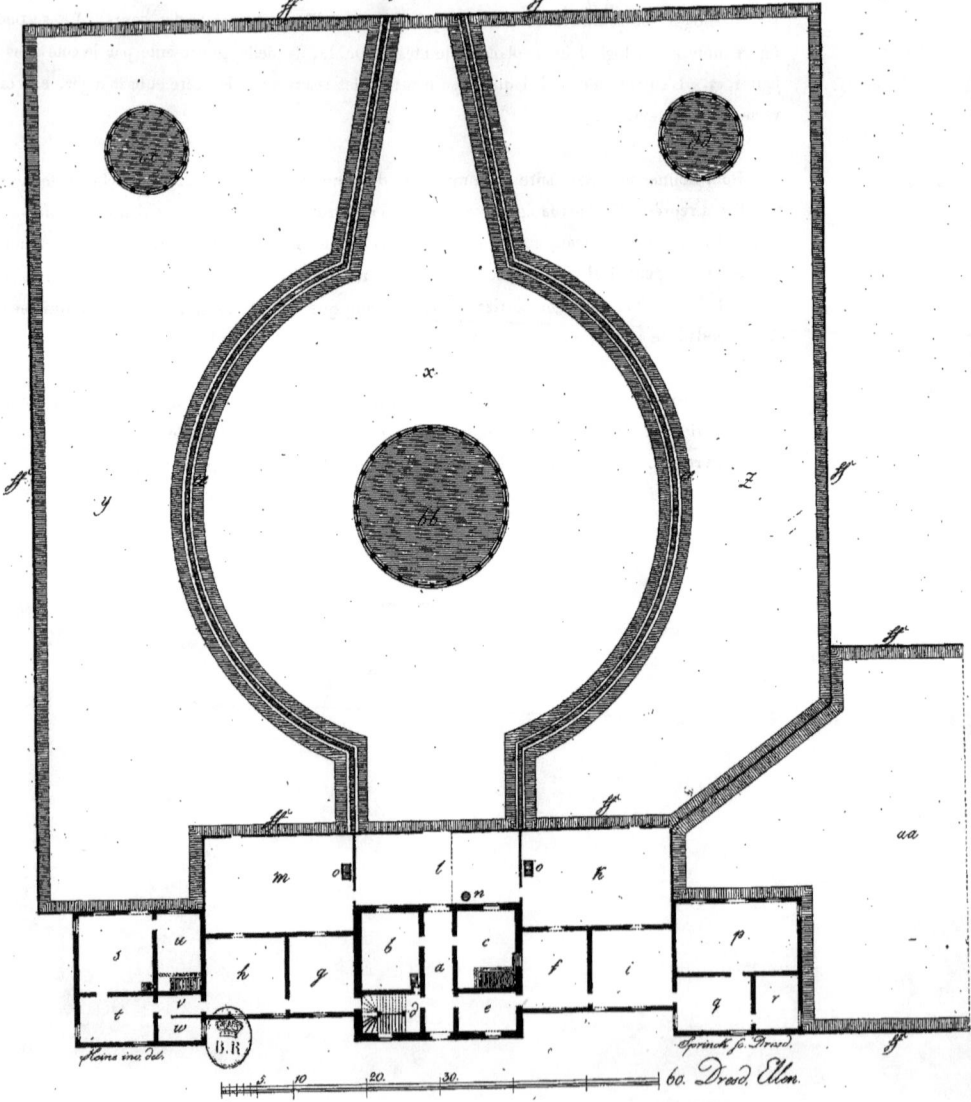

Kleine inv. del.

Sprinck sc. Dresd.

5 10 20. 30. 60. Dresd. Ellen.

Fig 1. A.

5   10   20   30   40   50   60. Dresd. Ellen

Fig 2. B.

B.B

Tab. II.

Tab. III.

Fig. 2. B.

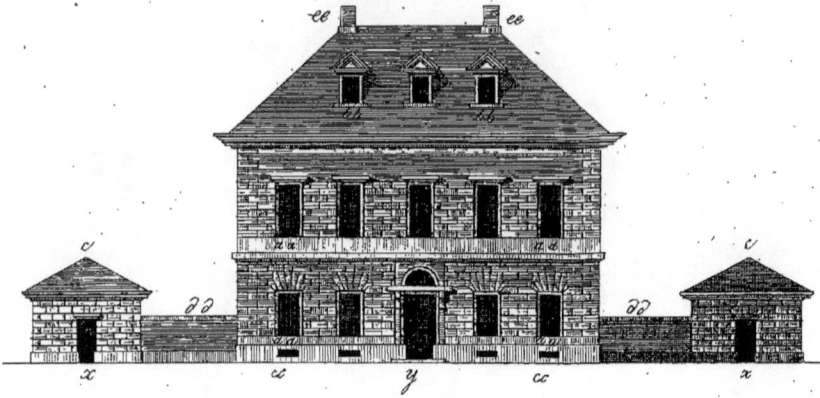

Fig. 1. A.

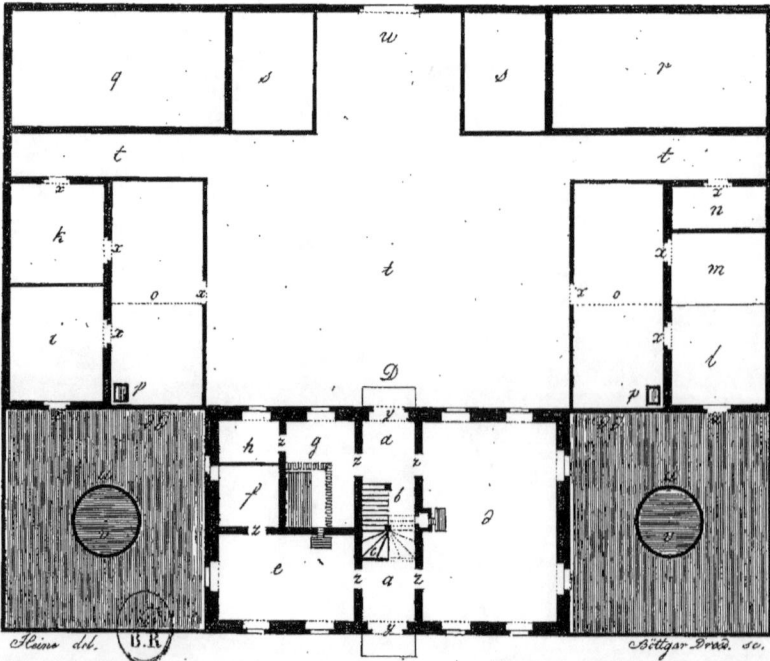

Tab. IV.

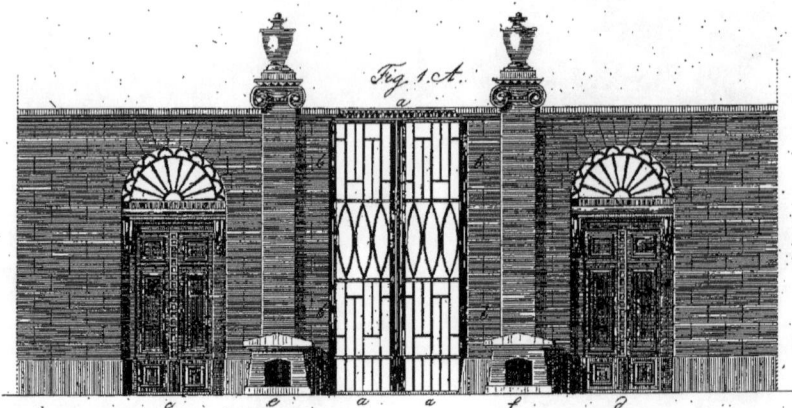

Fig. 1. A.

Fig. 2. B.

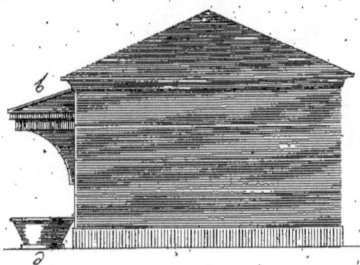

Fig. 3. C.

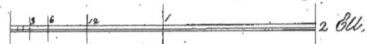

Fig. 4. D.

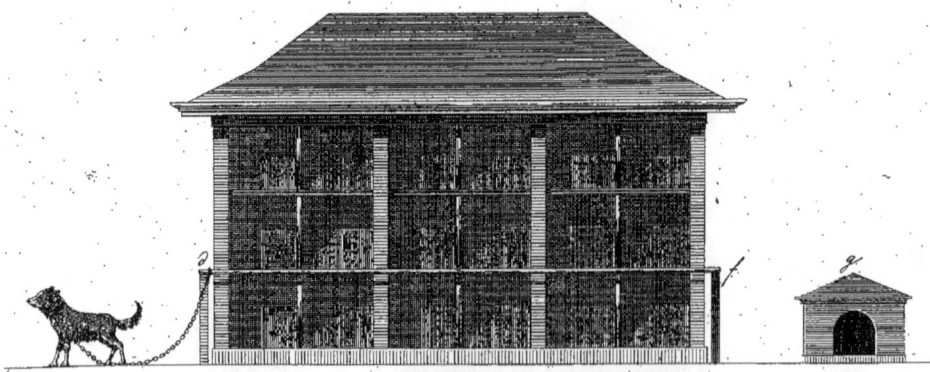

Fig. 6. F.

Fig. 5. E.

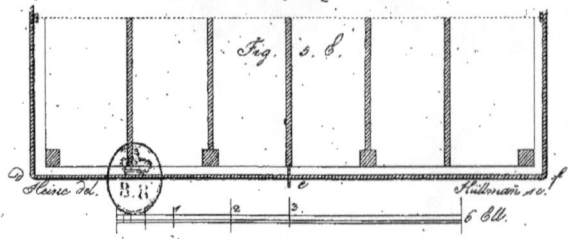

www.ingramcontent.com/pod-product-compliance
Lightning Source LLC
Chambersburg PA
CBHW052103090426

42739CB00010B/2290